Edgar Morin

Encore un moment...

Textes personnels, politiques, sociologiques, philosophiques et littéraires

Denoël

Né en 1921, directeur de recherche émérite au CNRS, docteur *honoris causa* de trente-huit universités à travers le monde, Edgar Morin est l'une des grandes figures intellectuelles de notre époque. Il a récemment publié chez Denoël *Changeons de voie : Les leçons du coronavirus* (2020) et *Leçons d'un siècle de vie* (2021) ; ces deux ouvrages ont chacun été traduits en dix langues.

Ces textes ont en commun l'inséparabilité de la vie, de la pensée et de l'œuvre de leur auteur.

Ils témoignent de ma curiosité polymorphe et considèrent notre monde dans sa complexité. J'ai essayé d'éclairer quelques zones d'ombre de l'histoire passée et récente, d'explorer plusieurs grands problèmes culturels et politiques de notre temps, sans oublier le thème majeur, permanent et capital : qu'est-ce que la conscience ?

Rémission

Encore un moment,
monsieur le bourreau[1]

Comment exprimer ce sentiment d'étonnement, de joie et de tristesse qui m'envahit quand je suis à regarder la nature, les arbres, le ciel ? Et quand, en ce moment même, un petit oiseau dont j'ignore l'espèce, plus petit et plus élégant qu'un pigeon, avec un col mince et svelte, légèrement dandinant, picore et trottine sur le gazon ?

Étonnement de vivre : pas seulement d'être encore en vie à cent un ans, mais tout simplement d'être un vivant au sein de la vie dont je jouis en même temps que l'oiseau, l'olivier proche, les palmiers plus lointains, les milliers de brins d'herbe de la pelouse, tous et chacun, dont moi, faisant leur métier de vivre.

Pourquoi cette prolifération, cette créativité, présente jusque dans la plus petite feuille,

1. Paroles de la comtesse Du Barry au bourreau Sanson devant la guillotine, en décembre 1793.

minuscule usine à chlorophylle captant l'énergie du soleil ?

Et derrière cet étonnement devant la vie, l'étonnement d'être en vie, moi, pas seulement parce que je suis né par la chance d'un véloce spermatozoïde pénétrant dans l'ovule de ma mère, pas seulement parce que j'ai résisté aux pratiques abortives que lui dictait sa lésion au cœur, pas seulement parce que je suis né étranglé par le cordon ombilical, mais simplement parce que je suis vivant parmi les vivants, et plus encore parce que je suis sur Terre.

Et la vie sur Terre m'étonne d'une autre façon depuis que j'ai la conscience de sa fabuleuse éco-organisation, à travers antagonismes et solidarités, prédations et symbioses. Cette éco-organisation s'est constituée entre la nature vivante et la nature physique des sols, des eaux, des monts, des vallées.

Mystère de l'organisation de l'Univers qui relie et associe des éléments livrés aux agitations et aux désordres, et produit ainsi des atomes, des molécules, des astres et des systèmes solaires. Sur la troisième planète de notre soleil s'est produit la Merveille d'une extraordinaire auto-éco-organisation née de rencontres entre des constituants moléculaires divers, purement physico-chimiques, d'où ont émergé les qualités propres à ce qu'on nomme la vie : la cognition, l'autoreproduction, l'autoréparation, la mobilité, l'assimilation continue d'énergies extérieures pour lutter sans cesse contre la dégradation et la mort.

Et le plus étonnant est que l'on s'étonne si peu de vivre.

Derrière mon étonnement d'être au monde, il y a l'étonnement de ce monde gigantesque, dont on ne sait pourquoi il est né et où conduit son expansion. Cet Univers n'est pas un Ordre obéissant à des lois immuables, comme l'a cru la science déterministe à la suite de Laplace. S'il comporte des principes d'ordre comme la gravitation, ces principes permettent néanmoins aux éléments de subir le désordre des agitations, de se combiner en organisations, ou au contraire de s'entre-détruire. À travers ses interactions et rétroactions, l'Univers est inséparablement ordre, désordre, organisation, c'est-à-dire complexe.

Là où je suis, le soleil couchant peut être regardé en face, à travers un rideau de brume qui m'empêche d'être aveuglé ; il est comme une lune, plus intensément lumineuse, à la fois solaire et lunaire. Nous ne voyons pas que l'astre vit, se nourrit et s'organise par le feu, crache sans arrêt des protubérances de feu.

Des milliards d'astres vivent ainsi du feu et

par le feu. Certes, on sait que la chaleur de plus en plus intense du fait de la concentration de matière stellaire produit une mise à feu, et que c'est un antagonisme complémentaire entre les forces de gravitation centripètes et les forces centrifuges du feu qui maintient durant des milliards d'années cette organisation dans et par le feu. Mais je ne cesse d'être plus qu'étonné, ahuri, que ce feu qui détruit tout sur Terre, notamment en ces étés d'incendies de forêts, ne cesse inlassablement de construire notre soleil.

Ainsi, tout m'étonne : ma vie, la vie, le monde.

En même temps, j'éprouve une joie paisible, une sorte de bonheur calme à contempler la vie végétale autour de moi. Comme elle se nourrit d'énergie solaire par ses ramures et de substances minérales par ses racines, la vie végétale n'a rien d'agressif et de prédateur. Mais j'aime aussi la vie animale, l'élégance des chats, la majesté des lions, la vélocité des gazelles. Les moucherons qui s'entêtent sur mon visage m'agacent, mais j'admire la mouche, ce petit chef-d'œuvre de la nature. J'avais même une mouche que je retrouvais chaque matin au petit déjeuner sur ma table et avec qui j'étais devenu familier. J'avais le sentiment d'un début d'attachement entre nous.

« Attachement » est le mot éthologique pour désigner amitié et amour, des termes que nous

ne devrions plus réserver à la seule humanité.
Nous ne voyons pas seulement ces sentiments
à notre égard chez nos chiens ou chats domes-
tiques, mais aussi entre individus de même
espèce et parfois d'espèces différentes – ce qui
par ailleurs n'empêche pas comme chez nous
l'agressivité et le meurtre.

J'aime par-dessus tout les oiseaux, du moi-
neau au condor, et surtout les hirondelles qui
sillonnent le ciel, tourbillonnent ensemble parfois très haut dans les airs, puis passent tout à
coup en bolides sous mes yeux. Je les attends
avec impatience chaque printemps et je suis soudain heureux de voir réapparaître leur ronde.

De toutes les religions, je comprends le mieux
celles qui adorent le Soleil et celles qui vénèrent
la Lune. Ainsi, je ressens en moi la Souveraineté
absolue d'Inti, le dieu Soleil des Incas. J'ai
éprouvé comme une évidence, au sommet du
Machu Picchu, l'adoration permanente de ses
servants et fervents. Mon amour mystique pour
la Lune vient du culte à ma mère, Luna, dis-
parue quand j'avais dix ans. Je la contemple
avec piété lorsqu'elle est pleine, comme hier
soir encore. Je fais mienne la prière à Tanit de
Salammbô : « Quand tu parais, il s'épand une
quiétude sur la Terre ; les fleurs se forment, les
flots s'apaisent, les hommes fatigués s'étendent
la poitrine vers toi, et le monde avec ses océans

et ses montagnes, comme en un miroir, se regarde dans ta figure[1]. »

Je me rallierais également au culte d'Aton, le dieu du Soleil, adoré par Akhenaton qui en fit le Dieu unique. N'est-ce pas lui qui tient la planète Terre dans son orbite ? N'est-ce pas lui qui fournit l'énergie indispensable à la vie ? N'est-ce pas lui qui règne dans notre ciel ? N'est-il pas l'inregardable tout-puissant dont nous dépendons totalement ?

En fait, je ressens la joie esthétique de contempler les beautés de la vie, de la nature du Soleil, de la Lune, des étoiles. J'éprouve en même temps une ferveur de communion et d'intégration quasi mystique du monde en moi et de moi dans le monde. Et, toujours en même temps, je ressens la simple joie d'être en vie qui est autre chose que la joie de vivre, laquelle comporte en elle une ardeur que je ne perçois maintenant qu'atténuée.

Mais c'est parce que je ressens la plénitude d'être en vie et de jouir de la vie que je ressens la tristesse de perdre bientôt la vie, et plus que la vie, c'est tout l'Univers qui s'évanouira avec moi à jamais. Mon Je subjectif et mon Moi objectif vont disparaître en même temps, et cet

1. Gustave Flaubert, *Salammbô*, chapitre III, 1862.

anéantissement sera simultanément celui du monde en moi.

Le monde continuera son aventure sans qu'on sache si elle est vouée à la dispersion finale ou à toujours recommencer, notre soleil s'éteindra et la vie terrestre prendra fin. Mais d'ici là, qu'adviendra-t-il de l'aventure humaine ?

Je regrette de ne pas pouvoir savoir ce qui va sortir de la conjonction des énormes crises que subit aujourd'hui l'humanité. Je regrette qu'il puisse me manquer une année ou deux pour percevoir ce qui se dessine, se détruit, prend forme. Je crains qu'advienne une longue période régressive, tout en sachant que l'improbable peut tout modifier, en mieux comme en pire.

Je vais partir en plein suspense historique.

Centenaire

En fait, je ne sais pas vraiment pourquoi je suis devenu centenaire. Je peux néanmoins faire deux hypothèses et avancer une certitude.

Certes, ces dix dernières années, j'ai privilégié (avec quelques excès nécessaires) une alimentation saine, si possible d'origine bio, j'ai suivi le régime méditerranéen de mon enfance, à base d'huile d'olive, j'ai évité les nourritures produites par l'agriculture industrialisée, j'ai limité ma consommation d'alcool à un bon verre de vin rouge par jour (de préférence du médoc, sans oublier la dégustation annuelle du bon beaujolais Chermette en novembre). Mais je n'ai pas pratiqué de sport, si ce n'est une intense activité cycliste jusqu'à mes vingt-cinq ans et la marche tout au long de ma vie.

Ma première hypothèse tient à la notion de résilience. Fœtus, j'ai résisté aux produits abortifs qu'avait pris ma mère, atteinte d'une maladie cardiaque et interdite d'enfanter. Je suis quand même né mais, étranglé par le cordon ombilical, il a fallu un temps interminable, m'a dit mon père, pour que les gifles du gynécologue qui me tenait par les pieds me fassent pousser mon premier cri.

À l'âge de dix ans, fils unique, je fus foudroyé par la mort de ma mère que j'adorais et qui m'adorait. J'ai subi l'année qui suivit une très forte fièvre et une maladie mystérieuse que, faute de mieux, les médecins nommèrent « fièvre aphteuse ». Pour fuir mon chagrin, je me suis réfugié dans la littérature, le cinéma, les concerts, les expositions. Voulant échapper à ma réalité, j'ai découvert à travers ces expériences bouleversantes la réalité du monde.

J'en arrive à ma seconde hypothèse. Je n'ai pas cessé d'être mû, jusqu'à mon âge avancé, par les innombrables et insatiables curiosités de l'enfance. J'ai gardé les aspirations de mon adolescence, tout en perdant ses illusions. Dès vingt-deux ans, engagé dans un mouvement de résistance, j'ai acquis le sens des responsabilités de l'adulte. Au cours du temps et jusqu'à maintenant, je n'ai pas eu d'autre ambition que de me consacrer à mon œuvre de réforme de la connaissance et de la pensée, et de vouloir la propager.

En même temps que la curiosité et la passion

pour mon travail, c'est l'amour et l'amitié qui m'ont fait vivre. C'est la recherche de la qualité poétique de la vie ainsi que la révolte contre ses cruautés qui m'ont entretenu tel que je suis.

Enfin, et voici ma certitude, je dois dire que je n'ai pu atteindre mes cent un ans actuels que parce que, depuis 2009, ma compagne et épouse Sabah a entretenu et nourri ma jeunesse de cœur, m'a encouragé à poursuivre la « mission » que je me suis donnée, m'a sauvé à quatre reprises d'une mort quasi certaine à la suite d'hémorragies et de septicémies.

En fait, ma résilience n'aurait pas suffi. Il a toujours fallu autrui, depuis le gynécologue jusqu'à Sabah, en passant par tant d'aimées et aimés, pour que j'arrive à mon âge.

Rita Levi-Montalcini, prix Nobel de médecine (elle-même devenue centenaire), a écrit : « Donne de la vie à tes jours plutôt que des jours à ta vie. » J'ai essayé de donner de la vie à mes jours… Ce qui ne m'a pas empêché de donner des jours à ma vie.

Le lit

C'est dans le roman *Oiseaux de passage*[1] de Fernando Aramburu que m'a frappé l'évocation du lit comme succédané du ventre maternel.

Le sommeil est un retour mimétique à l'état fœtal. Et le lit, ses draps, ses couvertures et son douillet oreiller, nous tient dans une chaleur infiniment suave et sereine, enveloppés comme dans un doux placenta.

Il est frappant qu'un grand nombre d'espèces animales aient besoin de sommeil – à l'exception bizarre des requins, semble-t-il –, comme si le quasi-retour à l'état fœtal qu'est le sommeil était une régénération nécessaire pour chaque organisme. D'ailleurs, nous savons que pour bien des maux qui nous accablent, le sommeil est un excellent médecin.

Avons-nous connu quelque chose de meilleur

1. Actes Sud, janvier 2023.

que l'utérus maternel ? Il est le générateur et le protecteur du fœtus à l'égard du monde extérieur. Et pourtant, nous avons tout oublié de ce qui se passait avant notre mise au monde, comme si l'effacement du souvenir de l'utérus maternel était fait pour nous en épargner la nostalgie.

Aussitôt nés nous avons crié, pleuré, remué les bras, gigoté des jambes. Nous sommes passés de la paix des eaux-mères à l'agitation dans l'atmosphère.

Nous étions logés, nourris, bercés, et nous avons dû être arrachés à notre doux logis par une force extérieure à nous et irrésistible, puis commencer à nous nourrir en tétant frénétiquement le sein maternel ou son substitut, le biberon.

Je n'oublie pas combien il est agréable de vivre à l'air et dans l'espace, de jouer, de courir et d'agir. Mais je sais aussi qu'il fut délicieux de vivre sous placenta. Il nous reste le sommeil en héritage de ce délice.

On peut dormir dans un train, en avion, pendant une conférence, assis ou affalé, mais on ne peut bien dormir que couché, dépouillé des vêtements de la vie active, en chemise de nuit ou pyjama, dans l'oasis de tiédeur enveloppante et protectrice des draps et couvertures.

Sabah qui dort à mes côtés est ma jumelle utérine. Elle charme mon ensommeillement d'un
baiser sur ma main et mon éveil d'un baiser sur
mes lèvres.

L'utérus est le lieu moelleux de la génération
de l'humain – le lit est le lieu de sa régénération par le sommeil. Retour mimétique à la paix
utérine. Le cercueil, faux utérus de bois, est la
prison de notre décomposition.

Google m'apprend que « c'est il y a dix mille
ans, au néolithique, que les hommes ont commencé à dormir sur ce qu'on peut appeler un
"lit" ». Ces humains étaient installés sur des
couches de feuilles sèches, peaux et autres maté-
riaux qui les isolaient du sol et leur procuraient
un peu de réconfort. Certains « matelas » com-
posés de fourrures leur permettaient ainsi de
combattre le froid et de se sentir protégés des
prédateurs.

Le lit proprement dit semble avoir été inventé
pour les pharaons. Il était très prisé par l'aristo-
cratie romaine, qui y prenait aussi ses repas, en
position à demi couchée.

Et, en ce qui me concerne, je suis frappé par
cette évidence : depuis l'enfance, j'ai horreur
de sortir de mon lit. Mon repos fœtal a pourtant été troublé au quatrième mois de grossesse

quand ma mère a tenté d'avorter. J'ai dû en être très perturbé mais, ayant résisté, j'ai sans doute retrouvé avec encore plus de bonheur la paix intra-utérine et voulu y rester. Je crois que je refusais de naître. Je pense vraiment que j'aurais voulu rester à l'état fœtal.

En tout cas, il est certain que, dès l'enfance, je ne suis jamais sorti du lit de moi-même. Je me souviens très bien que, lorsque j'eus l'âge d'aller à l'école, mon père me chantait à plusieurs reprises, sur l'air militaire du réveil : « Minou, lève-toi ! Minou, lève-toi bien vite ! » avant de me forcer à me lever.

La perte de ma mère m'a fait encore plus aimer la chaleur du lit. Et depuis cent ans, je n'aime pas me lever et prends tout prétexte pour rester au lit le plus longtemps possible.

La seule exception fut à New York en 1970, je crois. Je logeais au vingt-troisième étage d'une tour de Bleecker Street, et ma chambre avait fenêtre ouverte sur le grand ciel à l'est, au-dessus de Brooklyn. Brisant chaque matin mon sommeil, le soleil surgissait et m'éblouissait de sa lumière, il me faisait sauter d'enthousiasme hors du lit.

Depuis, j'ai toujours eu difficulté à me lever. Une difficulté de plus en plus grande. Somnolent, je reste sous les couvertures, particulièrement en automne et en hiver. Je sais que je ne pourrais pas me lever de moi-même. Je ne peux imiter Sabah qui ouvre les yeux et va aussitôt préparer le thé. Je pense à me lever et cette idée m'est si pénible que je m'enfonce un peu plus sous les couvertures. Mais soudain, de façon incompréhensible, une force extérieure repousse mes jambes et les entraîne hors du lit. Je reste à demi somnambule jusqu'à ce que le thé, l'œuf à la coque, les tartines, et bientôt l'ouverture de mon ordinateur me réveillent et me catapultent dans la condition humaine.

Mission

La mission de l'intellectuel

J'ai essayé de remplir ma « mission » d'intellectuel en cherchant à respecter et à restituer la complexité des problèmes, dans le diagnostic et le jugement, et en évitant les imprécations et l'hystérie. C'est cette mission, dont la polyvalence s'est de mieux en mieux dégagée à mes yeux, de 1956 à aujourd'hui, que je vais essayer de formuler ici.

1. La conscience que l'intellectuel est acteur, au-delà de l'alternative entre l'engagement et la tour d'ivoire, dans le jeu de la vérité et de l'erreur, qui est au centre du jeu de l'histoire humaine.

2. L'obsession permanente du problème de l'erreur.
L'erreur est le risque permanent de la connaissance et de la pensée[1], donc de l'intel-

---

1. *Cf.* « L'erreur de sous-estimer l'erreur », dans *Science avec conscience*, « Points », Seuil, 2017, pp. 130-144.

lectuel. L'erreur qui accable particulièrement notre temps est l'erreur idéologique. Les intellectuels ont par idéologie accumulé les plus fatales erreurs ; d'où la nécessité d'une vigilance incessante pour détecter toutes les sources d'erreurs possibles et prendre garde à l'intrusion sournoise de l'erreur.

La lutte contre l'erreur comporte la détection des mythes qui nous animent, mais elle ne saurait être la « démystification », la « démythification » ni la « désidéologisation ». L'élimination du mythe ne peut être qu'une illusion. Les mythes comme l'imaginaire font partie de la réalité humaine. Le vrai problème est de reconnaître le caractère mythique de nos mythes, de les élire en tant que tels, de faire dialoguer notre rationalité avec nos mythes.

La lutte contre l'erreur comporte l'étude attentive des informations diverses et des documents contradictoires. Mais elle ne se borne pas à la vérification des faits. Elle suppose la volonté cognitive de respecter la complexité des phénomènes humains, sociaux, historiques, afin d'éviter les thèses brillantes mais frivoles et unilatérales, ainsi que les imprécations. Elle implique le souci de tenter de comprendre notre devenir.

3. *La problématisation comme activité fondamentale de l'intellectuel*, plutôt que la « critique » qui

sélectionne en fait arbitrairement ses cibles et ne sait pas se critiquer elle-même.

4. La nécessité de quitter le site du souverain juge de toute chose.

Il est du devoir de l'intellectuel de tenter de se décentrer et d'essayer de trouver un méta-point de vue par rapport aux évidences établies et aux idées reçues. Cela comporte la nécessité de l'auto-examen permanent et la résistance aux hystéries collectives qui se prétendent toujours être l'expression d'une juste et vertueuse indignation. Il est évident qu'éviter l'hystérie n'est pas se refuser à une juste indignation. Il reste non moins évident que l'indignation ne peut tenir lieu de pensée.

5. La nécessité de promouvoir des idées génériques, qui sont des principes générateurs de connaissance et de compréhension, plutôt que des idées générales.

6. La sauvegarde de l'éthique du débat par opposition à celle du rejet.

Cette éthique que nous avions instituée dans *Arguments*[1], j'ai essayé de la conserver, pour résister à la tendance qui transforme l'affrontement

1. Revue de philosophie politique fondée en 1956 par Colette Audry, Roland Barthes, Jean Duvignaud et moi-même.

des idées en combats où l'on ne veut (ne peut ?) percevoir les idées adverses sinon en les défigurant. Il est rare que les intellectuels pratiquent ce qu'aurait dû normalement développer leur culture : l'attention au discours d'autrui, la capacité d'entendre un argument sans le déformer. Il y a au contraire l'avilissement en basses intentions, « mauvaise foi », « malhonnêteté », des propos ou entreprises d'autrui. À quoi leur a donc servi de lire Montaigne, La Bruyère, Freud ? Il faut reconnaître le droit à la parole aux diviseurs et aux négateurs, c'est-à-dire au diable, puisque c'est à la fois l'esprit qui nie et la force qui divise.

7. La réflexion sur la paupérisation culturelle et l'effort pour le remembrement culturel.

Rappelons le diagnostic déjà formulé : « La culture est disloquée. D'un côté, des "humanités" appauvries qui ne savent se brancher ni sur les sources vérificatrices (les sciences) ni sur les sources quotidiennes de la connaissance (les médias) et qui réfléchissent à vide. D'un autre côté, une culture scientifique qui, par principe, méthode et structure, est incapable de concevoir les problèmes d'ensemble et de réfléchir sur elle-même. D'un troisième côté, une culture des médias, en prise au jour le jour sur le monde, l'événement, le nouveau, mais ne disposant que de faibles moyens de réflexion[1]. »

Partout donc, dans les sciences, les techniques, les humanités, les médias, règnent des idées générales creuses, ici sonores et retentissantes (les humanités), là cachées mais omniprésentes (les sciences), ailleurs triées selon leur valeur consommatrice et marchande (les médias). Partout se pose la nécessité de la réflexion : « L'idéologue est incapable de penser, non seulement le réel, mais l'idéologie et sa propre idéologie ; le technicien est incapable de penser non seulement la société, mais la technique ; le scientifique est incapable de penser non seulement l'humanité, mais la science[2]. […] Partout une formidable poussée civilisationnelle, avec le mode de vie urbain sous tous ses aspects, la logique de la machine artificielle, les pressions chronométriques, les surcharges, les besoins immédiats, la hâte, la presse, la fatigue nerveuse et physique, tendent à annihiler toute possibilité de revoir, réfléchir, repenser[3]. »

---

1. *Pour sortir du XXᵉ siècle*, « Points », Seuil, 2016. C'est pourquoi j'accorde une grande importance aux rencontres « Sciences et Citoyens » du CNRS qui s'efforcent de décloisonner l'univers scientifique pour répondre aux besoins cognitifs des citoyens.

2. *Ibid.* p. 265.

3. *Ibid.* pp. 260-261.

L'intellectuel a donc la tâche la plus difficile qui se soit jamais présentée dans l'histoire de la culture : résister à toutes les forces qui dégradent la réflexion et être capable de porter sa pensée sur les apports capitaux des sciences contemporaines afin d'essayer de penser le monde, la vie, l'être humain, la société.

8. *La résistance à la barbarie.*

Il y a plusieurs barbaries : une barbarie venue du fond des âges et qui se manifeste par la haine, le massacre, le mépris, l'humiliation ; une barbarie proprement anonyme, destructrice d'humanité, de responsabilité et de convivialité, qui se développe avec l'extension du monde technobureaucratique ; une barbarie également destructrice d'humanité qui se développe avec l'extension du profit en tout domaine et de la marchandisation en toute chose ; une barbarie proprement politique qui a atteint un apogée contemporain avec le totalitarisme. Cette dernière barbarie est en train de renaître sous de nouvelles formes. Les autres barbaries sont en pleine activité et se sont entrassociées. La résistance devient ainsi un devoir permanent de l'intellectuel.

9. *La mobilisation de toutes les qualités intellectuelles dans les activités politiques.*

La grande leçon des années 1930-1990 peut

s'énoncer ainsi : « On ne peut plus, je veux dire on ne doit plus réserver la part la plus obscure, infantile, incontrôlée de soi-même à la politique[1]. »

10. La conscience d'humanité et d'éthique de l'universel concret.

L'aspiration à l'universalité court le risque d'une perte de contact avec le concret, et la volonté d'imposer une vérité universelle peut conduire à la terreur. À l'inverse, la défense du concret conduit au particularisme clos, et même au mythe abstrait de la concrétude (la terre, le sang). Déjà, implicitement chez les *Aufklärer* du XVIIIᵉ siècle, puis explicitement chez les grands romantiques, notamment Hugo, l'aspiration cognitive-éthique des intellectuels a été d'assumer la conscience de l'humanité. Romain Rolland, dès le début de la guerre de 1914, avait voulu se mettre « au-dessus de la mêlée » franco-allemande pour parler au nom de l'humanité. L'adhésion au marxisme a été une adhésion à la doctrine prenant en charge le genre humain. Les intellectuels qui se sont ralliés au communisme et au trotskisme l'ont fait pour la cause de l'humanité. Camus a parlé au nom de l'humanité en exprimant son horreur de la bombe d'Hiroshima. Mais que

1. *Ibid.*, p. 254.

d'inconsciences, d'erreurs et d'horreurs ont été commises en croyant servir le genre humain ! Dans toutes les variantes du communisme, la cause de l'humanité a été trompée par ses serviteurs aveugles.

Une partie des intellectuels qui, dans les années 1970, ont pris conscience de la tragique erreur s'est alors vouée aux droits de l'homme. Avec ces intellectuels clairsemés, plus quelques esprits tiers-mondistes, le Club de Rome, les Médecins sans frontières, Amnesty International ont joué, mais sur une seule dimension, le rôle de conscience de l'humanité.

Faut-il renoncer à toute universalité par crainte de l'abstraction et de l'erreur ? Au contraire : nous sommes à l'ère de la communauté de destin de l'humanité. Des problèmes fondamentaux de vie et de mort sont communs à tous les humains – *l'universel est concret*. Il est d'autant plus concret que l'humanité, issue d'un tronc commun, porteuse d'une nature commune, a ses racines communes dans la planète Terre. Désormais, le besoin de racines, qui pousse tant de peuples et d'individus à se replier sur l'ethnie et la religion singulières, doit s'approfondir et s'amplifier dans la reconnaissance de la communauté terrienne des humains. Nous pouvons et devons nous ressourcer dans la Terre-Patrie, qui est notre universel à la fois singulier et concret.

Être intellectuel, c'est s'auto-instituer tel, c'est-à-dire se donner une mission : une mission de culture, une mission contre l'erreur, une mission de conscience pour l'humanité. Voilà la mission que je me suis donnée de plus en plus fermement. Je sais bien que je l'ai insuffisamment remplie, ce qui aurait dû m'épargner une certaine autosatisfaction que je n'ai cependant pu m'empêcher d'exprimer…

La conscience de la conscience

Le dictionnaire Larousse nous dit de la conscience qu'elle est : « 1. Connaissance, intuitive ou réflexive immédiate, que chacun a de son existence » et « 2. Représentation mentale claire de l'existence, de la réalité de telle ou telle chose ».

Dès le départ, la notion de conscience comporte deux définitions indiquant deux types de conscience : l'une portant sur soi, l'autre, sur le monde extérieur. Immédiatement, la définition oscille entre son caractère intuitif et son caractère réflexif. Peut-être pourrons-nous surmonter l'antinomie entre ces deux termes ?

L'usage du mot « conscience » est récent dans l'histoire[1]. Son étymologie, *cum scientia*

---

1. Nous ne retrouvons aucun équivalent dans les philosophies grecques et romaines. Seul le grec tardif a introduit le terme « *suneidésis* », qui est le format premier à partir duquel nous avons formé le mot « conscience » (*sun*, « avec » ; *eidos*, « idée, idéation »). Dans l'Antiquité grecque en particulier, quand on voulait parler de ce

(c'est-à-dire « avec connaissance »), indique que la conscience englobe la connaissance dans une activité cognitive de type réflexif : la conscience est une connaissance qui se réfléchit elle-même. Ainsi, « j'ai conscience d'un danger en traversant la route » signifie à la fois que mon attention est alertée par une voiture qui vient dans ma direction et que ce danger me concerne. La conscience d'un phénomène extérieur mobilise la subjectivité parce qu'elle ne se réfère pas seulement à l'objet de l'attention (la voiture), mais à moi en tant qu'observateur qui perçoit le danger. Mais cette conscience à la fois du danger extérieur et du fait que ce danger me concerne est immédiate, quasi intuitive ; la réflexivité qui la suscite est inconsciente. Ce caractère immédiat, quasi intuitif, occulte le caractère réflexif spontané de la conscience.

La conscience est donc à la fois réflexive, intuitive, subjective et objectivante.

La conscience humaine comme émergence

La conscience humaine résulte de toute évidence d'activités neuronales, elles-mêmes

---

que nous, modernes, entendons par « conscience », on utilisait le mot *noûs*, lequel signifie « esprit ».

inséparables de l'ensemble des activités du cerveau. La pensée réductionniste de certains neuroscientifiques tend à dissoudre la conscience pour la ramener à des opérations interneuronales. Ce réductionnisme ignore un phénomène fondamental et propre à tout système vivant : l'émergence de propriétés non présentes dans les éléments constitutifs du système. Ainsi l'eau possède-t-elle des propriétés qui ne sont pas présentes dans ses constituants : l'hydrogène ou l'oxygène, pris isolément. De même, une bactérie est composée de molécules physico-chimiques, mais son organisation complexe produit des activités telles que l'autoreproduction, l'autoréparation, la nutrition, la cognition qui sont des propriétés émergentes. Une cellule vivante est composée d'éléments physico-chimiques (les atomes, les molécules) mais dispose de qualités propres complexes, inopérantes et invisibles à la seule échelle des molécules. Ces émergences, on peut les nommer « Vie ».

• La conscience est l'émergence d'une émergence

La cognition émerge des activités organisatrices du cerveau. La conscience de soi émerge elle-même de l'activité cognitive.

Aussi pouvons-nous dire que l'esprit est une réalité émergente issue d'activités neuro-cérébrales mais qui a acquis une certaine autonomie par

rapport à celles-ci. Comme tout système autonome, l'esprit humain dépend de ce qui le
produit et le nourrit. La cognition émerge des
activités cérébrales et se nourrit d'informations,
d'échanges, de communication. De même, la
conscience émerge des activités cognitives : elle
s'en nourrit tout en accédant à sa réalité propre.

Tout comme un phénomène d'émergence ne
peut se déduire simplement des éléments qui le
constituent, la cognition ainsi que la conscience
ne peuvent être déduites des activités cérébrales
qui les produisent.

En ce sens, la conscience, comme tout phénomène émergent, ne peut être expliquée
par les activités cérébrales dont pourtant elle
dépend. Elle peut être observée, conçue, mais
non « expliquée ».

• Quand la conscience vient à l'esprit

La conscience n'émerge qu'à certains
moments : quand la cognition se mue en activité réflexive, quand l'esprit se regarde lui-même
agir. Le reste du temps, la conscience de soi
n'est pas absente mais en veilleuse.

Au cinéma, par exemple, mon esprit est
immergé dans le film, envahi par les person-
nages de fiction auxquels je m'identifie. À ce
moment, ma conscience de moi (spectateur assis
dans son fauteuil) demeure comme en veilleuse.

Il lui arrive aussi de subir des orages, des délires, des éclipses. Parfois même, dans le comble de l'extase, la conscience semble s'évanouir dans le sentiment de fusion cosmique que Romain Rolland appelait la « conscience océanique ».

Tel est le paradoxe de la conscience humaine : elle peut atteindre des sommets de lucidité, d'éveil et de vigilance, puis sombrer dans la quasi-inconscience, même en état de veille, et se réveiller subitement. Nous avons là un paradoxe profond : la conscience parfois se met en surplomb, surveille et contrôle nos activités mentales, nos connaissances, et parfois se met en veilleuse.

La conscience de soi est toujours virtuellement présente, sans que nous ayons toujours à penser qui nous sommes. Nous ne sommes vraiment conscients de nous-mêmes qu'à ces moments réflexifs particuliers où la conscience se prend elle-même comme objet : quand survient la « conscience de la conscience ».

Descartes, puis Husserl considéraient la conscience humaine comme un socle et une réalité première. Mais la plupart du temps, la conscience n'est qu'une faible lueur, une veilleuse vacillante[1]. Cette faculté dont les humains

---

1. J'ai essayé de le montrer dans *L'Éthique*, sixième tome de *La Méthode*.

sont si fiers est pourtant sans cesse exposée à l'ambiguïté et à l'incertitude.

La conscience de soi

Faute de pouvoir l'expliquer, il existe un moyen de concevoir la conscience : en partant de la notion d'autoréférence.

Pour comprendre la conscience de soi, il faut rompre avec l'interprétation purement intuitive et déductive du cogito de Descartes.

Dans le cogito « Je pense donc je suis », le « je pense » implique « je pense que je pense », ce qui induit « je *me* pense ». En *me* pensant, mon Je fait émerger mon Moi comme une réalité objective. Ainsi, le cogito donne pleine conscience à la conscience de soi, à la fois comme Je subjectif et Moi objectif.

Le Moi étant la facette objective du Je, il implique l'existence d'un Je auquel il s'identifie. C'est ainsi que l'on peut énoncer « je *suis moi* ». La conclusion du cogito est alors la suivante : « Je suis objectivement un être subjectif. »

Nous sommes ici dans une situation de complexité où le sujet est son propre objet tout en demeurant sujet.

La vraie conclusion à tirer du cogito est celle-ci : je suis un sujet pensant, conscient de lui-même, grâce à une boucle rétroactive qui relie le Je au Moi puis le Moi au Je. Une double boucle s'est mise en place : je peux me représenter moi-même comme un Moi objectif et comme un Je sujet. Subjectivité et objectivité du « je suis » sont intrinsèquement inséparables. La conscience de soi suppose donc la prise de conscience de l'identité du Je et du Moi.

La double boucle récursive d'où émerge le « je suis » est évidemment autoréférente. Elle ne se réfère pas à un constat extérieur à soi, pas plus qu'elle ne naît d'une introspection. Voilà l'idée capitale à retenir : la conscience de soi est produite par un dispositif d'autoréférence qui conduit en boucle du Moi objectif au Je subjectif (et inversement). Je suis un être subjectif qui existe objectivement *et j'en prends conscience.*

Qu'est-ce qu'être sujet ? Être sujet, c'est s'autoaffirmer en se mettant au centre de son monde, c'est-à-dire en privilégiant sa position dans le monde de façon égocentrique. Mais cet égocentrisme est soumis à une force antagoniste : celle qui consiste à pouvoir nous intégrer dans un Nous et nous dévouer à nos proches ou à notre communauté.

Il y a bien un caractère autoréférent dans la mesure où, chez le sujet, le soi est au service de soi. Mais ce sujet devient auto-hétéro-référent quand il se met au service d'autrui ou d'une communauté à laquelle il appartient – et qui fait partie de lui.

Je pense le monde et je me pense moi-même de façon inséparable.

Aux sources vivantes de la conscience

Comme nous allons le voir, la conscience de soi humaine est un développement – particulièrement complexe – du principe d'autoréférence déjà présent dans toute vie.

Toute organisation vivante est un système auto-organisé de façon cognitive. Même les organismes unicellulaires comportent des formes de cognition (perception, mémoire, communication[1]). Mais cette cognition biologique suppose déjà une autocognition de l'organisme par lui-même[2]. De plus, pour pouvoir se reproduire (en se divisant), la bactérie doit se connaître elle-même, c'est-à-dire dupliquer son propre matériel génétique. Enfin, la bactérie doit s'alimenter de sources d'énergie extérieures, ce qui

1. Comme l'a bien souligné le neurobiologiste Francisco Varela (1946-2001).

2. L'auto-organisation de toute cellule comporte un codage informationnel, désormais bien connu, qui va de l'ADN vers l'ARN puis vers la protéine, mais qui comprend aussi une rétroaction d'information en sens inverse (de la protéine vers l'ARN, puis vers l'ADN).

implique une connaissance, certes limitée, mais réelle, de son milieu ou environnement.

Comme tout être vivant, la bactérie dispose donc d'une qualité de *sujet*, qui s'autoproduit. Elle s'auto-affirme aussi en agissant de façon « égocentrique ». Elle dispose de cette autre qualité de sujet qu'est la capacité de s'intégrer dans un Nous. Elle le fait en coopérant avec d'autres bactéries de différentes manières : par exemple en fournissant à ses « sœurs » un gène de protection contre les antibiotiques, en s'unissant en entités polycellulaires provisoires, ou dans des associations plus durables qui donneront naissance à des organismes polycellulaires, lesquels deviendront végétaux ou animaux.

Computo ergo sum

Ainsi, tout être vivant dispose des qualités de sujet à la fois antagonistes et complémentaires : l'égocentrisme (le souci de soi et de sa propre survie) et l'altruisme (le souci des autres et de leur survie). Égocentrisme et altruisme se retrouvent en un tout vivant, unicellulaire, végétal ou animal, et sont l'équivalent du Moi-Je et du Nous des humains.

La bactérie a une activité cognitive à la fois

pour soi et pour l'autre[1]. Le cogito humain n'est ainsi que le prolongement complexe de ce *dispositif* déjà présent à l'échelle unicellulaire. À ce stade, il est tout à fait légitime de parler d'une « conscience de soi » de la cellule, de l'arbre, de l'animal, mais cette conscience est non mentale, et non cérébrale : elle est organique et donc inconsciente en termes mentaux.

• La connaissance auto-exo-référente

La conscience de soi est un produit des activités cognitives, déjà présente dans l'organisation de toute cellule. On peut donc inférer qu'un organisme pluricellulaire, végétal ou animal, même dépourvu de cerveau, produit une forme de cognition émergente associée à son auto-organisation et le maintien de sa survie.

De plus, chaque bactérie, ou tout être pluricellulaire, inclut dans son organisation un type de connaissance auto-exo-référente : « auto » pour la connaissance de soi, et « exo » pour la connaissance du milieu extérieur. Cet « auto-exo » représente une véritable dialectique

---

1. Dans *La Vie de la vie* (*La Méthode*, tome II, Seuil, 1980), j'ai appelé cela un *computo*, une computation à la première personne – c'est-à-dire une activité cognitive de soi pour soi. Le *computo* traite des données vitales, en interaction et en rétroaction avec son environnement.

propre à tout être vivant. L'organisation de l'être vivant comporte des formes de connaissance de soi actives, réactives et prédictives nécessaires pour vivre.

En ce qui concerne l'être humain, cette connaissance auto-exo-référente est présente non seulement dans son organisme, mais aussi dans son esprit et sa conscience. Cette conscience de soi humaine suppose évidemment le développement cérébral, lui-même issu de l'hominisation, de l'apparition de la culture et du langage.

- Une conscience de soi sans cerveau, sans esprit et sans pensée

Toute conscience de soi suppose la séparation entre le soi et le non-soi – qui est la base des réactions immunologiques et de toute action de conservation de soi. Elle comporte la conscience du non-soi qu'est son environnement et de ce qui lui est utile et nuisible dans ce milieu ambiant.

On arrive à ce constat paradoxal : il existe bien une conscience sans esprit, sans cerveau, sans pensée. Cette conscience végétale ou animale, aussi archaïque soit-elle, n'en est pas moins à l'origine, par complexifications successives, de notre conscience humaine.

Vers une prise de conscience planétaire ?

Concluons. La conscience est une réalité émergente que nous ne serons jamais capables d'expliquer à partir de données seulement biologiques ou cérébrales. Elle peut être conçue, mais non « expliquée », parce qu'elle est non réductible aux éléments qui la produisent.

La conscience naît du caractère autoréférent des boucles d'action et d'interaction qui surviennent au sein de tout organisme vivant. La vie implique en effet l'auto-organisation, la distinction entre le soi et le non-soi, ce qui suppose aussi des formes de cognition et de conscience très élémentaires qui émergent, au sens de tout organisme vivant, qu'il soit unicellulaire, végétal ou animal.

La conscience de soi s'alimente aussi d'éléments qui lui sont étrangers et qu'elle intègre en soi.

Quant au problème propre de la conscience de soi humaine, elle fait de nous un sujet particulier : conscient d'être sujet. Un sujet égocentrique mais qui possède aussi la capacité d'empathie à l'égard d'autres êtres vivants et, surtout, la capacité d'intégration dans un Nous, formé de tous nos « congénères ».

Toutefois, cette conscience étant souvent en

sommeil ou en veilleuse, les éclairs de vraie conscience ne représentent qu'une partie de notre vie mentale.

La vraie conscience consiste à prendre conscience de soi, ce qui suppose aussi de prendre conscience de notre dépendance à autrui.

Dans *Terre-Patrie*[1], je proposais de développer une « prise de conscience de la communauté de destin des humains entre eux », ce qui implique aussi une véritable conscience de notre dépendance à notre fragile vaisseau : la planète Terre. Cette conscience planétaire, en dépit de son évidence, reste très peu partagée, minoritaire ou superficielle. Ce qui veut dire que la majorité des humains vit encore dans l'inconscience de ce problème qui lui est pourtant vital.

1. Coécrit avec Anne-Brigitte Kern, Seuil, 1993.

Défense des humanités[1]

Je suis non seulement très honoré, mais aussi particulièrement heureux de vous adresser un message de « parrain » à l'occasion de la promotion de nouveaux docteurs.

Pourquoi heureux ? Parce qu'elle me permet d'exprimer ma conviction de l'importance accrue des humanités en un temps où domine une conception du savoir qui tend à les réduire à un luxe intellectuel. Je m'inquiète du déclin de leur enseignement au profit des sciences dotées de la rigueur du calcul, et des techniques dotées de l'efficacité pratique.

Cette conception obéit à l'idée que l'université doit adapter sa culture aux besoins immédiats de la société, alors que, selon moi, la mission de l'université est plus

---

1. Discours prononcé à l'occasion de la promotion des docteurs 2018 de l'université Paul-Valéry à Montpellier.

fondamentalement d'adapter la société à la culture. Cette culture, celle des humanités, est une culture transhistorique dont les auteurs et les œuvres traversent le temps, les époques, les sociétés et dont les vertus sont chaque fois de nouveau actuelles. Songez qu'Héraclite, Empédocle, Platon et Aristote restent actuels, comme Homère et Euripide, que tous les grands poètes et écrivains du XIXe siècle restent vivants, alors que toutes les théories scientifiques du XIXe siècle ont été abandonnées, sauf celle de l'évolution et celle de la thermodynamique qui, du reste, ont été depuis très profondément amendées.

Loin de moi l'idée de dévaluer la culture scientifique. J'ai toujours pensé que ses grands acquis concernant l'univers et la vie devraient être intégrés dans la culture des humanités, non seulement parce que nous sommes dans cet univers physique et dans le monde de la vie, mais aussi parce que l'univers physique et le monde de la vie sont en nous.

Mais alors, dans cette intégration, la culture des humanités apporterait quelque chose qui lui est propre et absent de l'hyperspécialisation scientifique : la réflexivité.

Rappelons que c'est un philosophe qui a discerné un trou noir gigantesque au sein de la culture scientifique. Husserl, dans sa conférence sur la crise de la science européenne[1], a montré que si lucide et ingénieuse soit la science dans sa recherche d'objectivité, elle est aveugle sur la subjectivité, dont celle du scientifique lui-même, et elle ne dispose pas des moyens pour prendre conscience et contrôle des énormes pouvoirs qu'a produits la science contemporaine.

Alors que les sciences éclairent bien des zones obscures à nos esprits, la philosophie, avec l'aide de l'histoire et de la sociologie, permet d'éclairer les zones obscures de la science.

Je voudrais dire aussi que le roman, le théâtre, le cinéma ne nous donnent pas seulement des émotions esthétiques, qui constituent une part de la qualité poétique de nos vies. Ils nous donnent à travers ces émotions une connaissance du monde humain que ne peuvent offrir ni la sociologie ni la psychologie, parce qu'ils font vivre des individus concrets, dans des milieux concrets, avec toute leur subjectivité. La littérature a cette vertu d'être à la fois moyen de connaissance et fin émotionnelle esthétique.

Du reste, Antonio Damasio a montré que l'émotion est inséparable d'une activité rationnelle de l'esprit. Mieux : elle contribue à transmettre une connaissance. Eisenstein disait en

---

1. Prononcée en 1935. *In La Crise des sciences européennes et la phénoménologie transcendantale*, Gallimard, 1976.

parlant de ses films qu'il voulait que des images donnent des sentiments, lesquels suscitent des idées.

La poésie nous donne une émotion propre qui exalte nos êtres. Or cette capacité à donner une émotion poétique imbibe la musique, la littérature, la peinture, tous les arts. Cette émotion esthétique fait partie de la qualité poétique de la vie qui nous aide à résister à la domination du calcul prosaïque et de l'intérêt égoïste dans la vie quotidienne, en nous donnant ferveur, intensité, communion.

J'en viens rapidement aux sciences humaines. Toutes les prétentions à la scientificité sur le modèle de l'ancienne physique déterministe ont été vaines. Ces sciences humaines ont non seulement une complexité propre aux réalités humaines, mais aussi une problématique particulière, puisque les chercheurs de ces disciplines sont des humains travaillant sur des humains, d'où la nécessité permanente d'autoexamen et de réflexivité. Elles comportent une part d'essayisme inéluctable. Elles font donc à la fois partie de la culture scientifique et de la culture des humanités, et ce double visage est leur richesse.

Les sciences humaines me semblent avoir pour mission de révéler les complexités humaines, lesquelles sont spécifiques mais occultées par la disjonction entre les disciplines. Elles ont aussi pour mission de réviser quelques-uns des concepts maîtres comme celui du développement.

Je tenais à vous dire enfin que tout ce qui ignore ou dédaigne les humanités relève de la barbarie intellectuelle.

Dans l'ombre de l'histoire

L'apport capital des post-marranes à la culture humaniste européenne et mondiale

*Montaigne ou le dépassement du judaïsme
et du christianisme dans une rationalité sceptique*

Gentilhomme gascon, Michel Eyquem de Montaigne (1533-1592) était aussi, par sa mère Antoinette de Louppes de Villeneuve, descendant de juifs convertis. Antoinette, originaire d'Espagne, est, elle, la descendante directe de Micer Pablo Lopez de Villanueva, brûlé vif par l'Inquisition en 1491. Les grands-parents maternels de Montaigne, émigrés en France, étaient marchands de hareng.

Son grand-père Eyquem a un nom à consonance portugaise. Mais est-il possible que, en ces temps de mariages convenus entre familles de rang équivalent, un pur gentilhomme catholique ait pu épouser la fille hispano-juive d'un marchand de poisson ? En fait, l'arrière-grand-père paternel de Montaigne vendait aussi du poisson salé à Bordeaux. Il acheta le 10 octobre 1477 les maisons nobles de Montaigne et de Belbeys ainsi que les vignes, bois, terres, prés et moulins y attenant.

Il semble très plausible que le père comme la mère de Montaigne soient des descendants de juifs convertis ou marranes.

Le père de Montaigne donna une éducation humaniste à son fils et lui fit faire ses études au collège de Guyenne, un des premiers lieux où l'on enseignait la rationalité et le scepticisme. Le créateur et recteur du collège était André de Gouveia, né à Beja au Portugal et lui-même d'origine marrane. Ajoutons que le père de Montaigne remit à Antoine de Gouveia la lettre de naturalisation du roi François Ier qui le francisait.

À lire les *Essais* de Montaigne, on ne voit guère de trace des Évangiles et de Jésus-Christ, mais d'innombrables citations de grec et de latin.

Comme le prêtre dominicain Bartolomé de las Casas, lui-même d'ascendance marrane, qui soutint fermement à la controverse de Valladolid que les Amérindiens avaient une âme humaine, Montaigne eut de la compassion pour les indigènes d'Amérique du Sud. Il s'intéressa très précisément à leur sort, et au reproche de barbarie cannibale il répondit que ces Indiens mangeaient leurs ennemis morts, sans les faire souffrir, alors que les colonisateurs spoliaient, exploitaient et torturaient les indigènes. Il écrit : « Il n'y a rien de barbare et de sauvage en ce peuple, à ce qu'on m'en a rapporté, sinon que chacun appelle barbarie ce qui n'est pas conforme à ses usages. » Il ajoute : « Nous pouvons bien les appeler barbares, par rapport aux règles de la raison, mais non par rapport à nous, qui les surpassons en toute sorte de barbarie. »

Montaigne fut en quelque sorte le premier autocritique de la civilisation européenne et son premier anticolonialiste. Son horreur des persécutions ne venait-elle pas de sa connaissance des souffrances des juifs persécutés en Espagne ?

La lettre de Montaigne à son père relatant la mort de son ami fraternel La Boétie nous donne une étrange information. Montaigne écrit que, après avoir reçu l'extrême-onction du prêtre catholique, La Boétie proféra ces paroles étonnantes : « Je meurs dans cette Foi que Moïse a plantée en Égypte, qui fut transmise en Judée et que de là nos pères nous ont apportée. »

La Boétie était-il lui aussi d'ascendance marrane ? Cela donnerait un éclairage supplémentaire au « parce que c'était lui ; parce que c'était moi ». Rien dans l'origine périgourdine et les carrières de ses ascendants magistrats ne peut le laisser supposer. Il a été éduqué au collège de Guyenne comme Montaigne, ce qui a pu l'inciter à l'esprit critique et à la haine de la tyrannie dont témoigne son livre sur la servitude volontaire. S'est-il intéressé au judaïsme sous l'influence de Montaigne, l'un et l'autre étant plus sensibles, rationnellement, au monothéisme juif qu'à la trinité chrétienne ? Était-il devenu adepte secret du Dieu de Moïse ? Et n'aurait-il pas, au moment de mourir, livré sa foi secrète ?

En tout cas, ce ne peut être par hasard ou inadvertance que Montaigne confie cette profession de foi à son père, ce qui semble confirmer que ce dernier n'était pas simplement un gentilhomme gascon.

Montaigne était très prudent dans ses propos politiques et officiellement catholiques, tout en s'opposant aux guerres de religion. Il assumait intérieurement la thèse de La Boétie qui, en dénonçant la servitude volontaire, dénonçait du même coup les asservisseurs et tyrans. Du reste, il fut l'éditeur, après la mort de La Boétie, de son livre-clé, *De la servitude volontaire*.

Comme chez certains marranes, le choc intérieur entre la religion juive et la religion chrétienne semble chez Montaigne avoir annihilé l'une et l'autre pour déboucher sur le scepticisme, stade suprême du post-marranisme, stade initial de la pensée laïque.

Aussi, ce n'est pas parce qu'il fut gentilhomme gascon que Montaigne fut un des fondateurs de la culture humaniste, c'est parce qu'il sut dépasser le judaïsme et le christianisme dans une rationalité sceptique. C'est aussi parce que la mémoire des persécutions catholiques espagnoles lui a permis de prendre conscience des persécutions espagnoles sur les Amérindiens. Il est le premier qui aït reconnu aux colonisés et persécutés leur pleine qualité d'humanité.

Toutes les indications que j'ai rassemblées pour les réunir en un ensemble cohérent sont connues des spécialistes de Montaigne, mais demeurent pour eux dispersées et éclipsées par l'évidence superficielle de la version gasconne.

Il est remarquable que l'essayiste qui fût reconnu comme le plus français des Français et symbolise le plus fortement l'humanisme français, ce qui est véridique, fut non moins véridiquement un descendant conscient de séfarades ibériques.

Montaigne est évidemment le père français du véritable humanisme qui reconnaît la pleine humanité de tout individu, quelle que soit son origine. Il est le père de toute rationalité qui a toujours besoin de l'exercice du doute. Son scepticisme est inséparable de son exigence cognitive. Il est, ce qui est évident mais guère perçu, le père de l'anthropologie ou connaissance de la condition humaine, laquelle passe non seulement par l'observation d'autrui et la

référence aux Grecs et aux Latins, mais aussi
nécessairement par l'auto-examen – ce qu'il
éclaire quand il assure que chacun porte en soi
toute l'humaine condition. C'est déjà implicitement une assertion de pensée complexe pour
qui la partie n'est pas seulement à l'intérieur
du tout, mais le tout (l'espèce humaine) est à
l'intérieur de la partie (l'individu).

Spinoza, la liberté de philosopher

Issu d'une lignée marrane-portugaise, Baruch
Spinoza (1632-1677) est né à Amsterdam, où sa
famille avait fui l'Inquisition pour vivre dans les
tolérantes Provinces-Unies.

Le père de Baruch était pieux, mais son
fils, conscient que la Bible était d'inspira-
tion humaine et non divine, avait renoncé à
toute conception anthropomorphe de Dieu.
Manifestant ouvertement sa pensée, il se fit
rejeter par les autorités rabbiniques de la
ville. Le 27 juillet 1656, dans la grande syna-
gogue d'Amsterdam, il subit la malédiction du
herem : « À l'aide du jugement des saints et
des anges, nous excluons, chassons, maudis-
sons et exécrons Baruch de Spinoza avec le
consentement de toute la sainte communauté
en présence de nos saints livres et des six cent

treize commandements qui y sont enfermés. [...] Qu'il soit maudit le jour, qu'il soit maudit la nuit ; qu'il soit maudit pendant son sommeil et pendant qu'il veille. Qu'il soit maudit à son entrée et qu'il soit maudit à sa sortie. Veuille l'Éternel ne jamais lui pardonner. Veuille l'Éternel allumer contre cet homme toute sa colère et déverser sur lui tous les maux mentionnés dans le livre de la Loi ; que son nom soit effacé dans ce monde et à tout jamais et qu'il plaise à Dieu de le séparer de toutes les tribus d'Israël l'affligeant de toutes les malédictions que contient la Loi. » La fin du document parachève la rupture : « Sachez que vous ne devez avoir avec Spinoza aucune relation ni écrite ni verbale. Qu'il ne lui soit rendu aucun service et que personne ne l'approche à moins de quatre coudées. Que personne ne demeure sous le même toit que lui et que personne ne lise aucun de ses écrits[1]. »

Spinoza quitte aussitôt Amsterdam pour s'installer à La Haye. Il s'écarte de toute religion et devient tailleur de lentilles optiques. Toujours attaqué pour ses conceptions politiques et religieuses, son *Traité théologico-politique*, dans lequel il défend la liberté de philosopher, est censuré.

---

1. Il est extraordinaire que l'exclusion du parti stalinien se soit faite quasi dans les mêmes termes.

Spinoza a opéré la grande révolution coperni-
cienne de la philosophie européenne : l'élimination radicale d'un Dieu créateur supérieur et
extérieur au monde. Il expulse le Dieu biblique
de son trône et met à la place la créativité de la
Nature, identifiant Dieu à la Nature : *Deus sive
natura*[1]. Cet a-théisme qui supprime le Dieu supérieur à la Nature est en fait un panthéisme car
la substance divine est dans le monde, y compris
chez l'être humain. L'homme est dans la nature,
il en fait partie. Il porte en lui sa créativité.

Spinoza a en outre l'audace de considérer le
livre sacré des juifs et des chrétiens, la Bible,
comme un écrit profane. Il considère que l'Écri-
ture est avant tout un texte de scribe, composite,
constitué d'écrits peut-être réunis tardivement
par Esdras. Il soutient que le Pentateuque n'a
pas été écrit par Moïse, et il repousse toute idée
de peuple élu. Ce premier examen historique
le conduit à la critique des vérités révélées de
la Bible et à la première conception laïque des
relations entre politique et religion.

Au-delà, il explicite politiquement ce qui res-
tait implicite chez Montaigne : la liberté politique de pensée. « Dans une libre République,
il est permis à chacun de penser ce qu'il veut

---

1. Littéralement : « Dieu, c'est-à-dire la nature. »

et de dire ce qu'il pense. » Il écrit encore : « La liberté de philosopher est non seulement utile, mais nécessaire à la piété ; la liberté de philosopher est non seulement utile, mais nécessaire à la sécurité de l'État[1]. »

Comme Hobbes l'avait théorisé de façon presque contemporaine dans le *Léviathan* (1651), Spinoza soutient que la religion doit être soumise aux lois communes et donc au pouvoir politique. La liberté de pensée et d'opinion est salutaire. Elle est la condition de la fin des conflits religieux. Elle peut être accordée sans restriction, sauf pour ce qui relève de l'incitation à la haine. Elle doit être protégée par l'État comme condition de la paix civile.

« Personne ne peut abandonner la liberté de juger et de penser ; chacun est maître de ses pensées. » Pour Spinoza, l'État ne doit pas régir tous les domaines de la vie humaine : « La nature humaine ne peut supporter d'être contrainte absolument », et « vouloir tout régenter par des lois, c'est rendre les hommes mauvais[2] ».

Spinoza ne put publier son grand œuvre, *L'Éthique*, de son vivant. En dépit du caractère hypercartésien de son rationalisme qui

---

1. Les deux citations sont tirées du *Traité théologico-politique*, chapitre XX, 1670.
2. *Ibid.*, chapitres V et XX.

privilégie le mode de démonstration mathématico-
géométrique, en dépit du déterminisme qui fut
celui de la science naissante au XVIIe siècle, et
pour qui la liberté se réduit à une connaissance de
la nécessité, Spinoza, dans *L'Éthique*, outrepasse ce
déterminisme par son exaltation politique de la
libre-pensée. Il fait la part de l'intuition, de l'affec-
tivité, la part du vouloir-vivre. Ce conatus, volonté
de persévérer dans son être, fait déboucher la
contemplation du sage sur la béatitude, état quasi
mystique auquel conduit finalement l'exercice de
la raison. Tout montre qu'on ne peut réduire la
rationalité de Spinoza à la rationalité close, ni sa
pensée à un rationalisme intégriste.

Enfin, Spinoza est l'apôtre de la compréhension : « Ne pas rire, ne pas pleurer, ne pas haïr,
comprendre. » Là aussi, il y a explicitation de ce
qui est implicite mais permanent chez Montaigne :
« Je me suis soigneusement abstenu de tourner
en dérision les actions humaines, de les prendre
en pitié ou en haine ; je n'ai voulu que les comprendre[1]. » Spinoza a même eu l'audace de dénon-
cer non seulement la haine chrétienne pour les
juifs, mais aussi la haine juive pour les chrétiens.

Comme Montaigne, mais de façon explicite,
Spinoza effectue une prise de conscience au-delà
du judaïsme et du christianisme et arrive à une

---

1. *Ibid.*, « Introduction ».

conception du monde où Dieu est absent, mais non la créativité.

Cervantès, victoire du monde prosaïque

Pour Cervantès (1547-1616) également, nulle foi religieuse n'éclaire le monde ni l'humanité. Le monde humain est irrémédiablement prosaïque. L'aventure héroï-comique de Don Quichotte essaie de retrouver la poésie mythique des romans de chevalerie, mais le conduit d'illusion en illusion. Dulcinée, l'objet de sa foi et de son amour, est un personnage imaginaire, comme si Cervantès voulait démontrer que l'absolu relève de la chimère.

Cervantès complète l'anthropologie de Montaigne chez qui chaque individu porte en lui toute la condition humaine. Il donne à voir dans le couple inséparable Quichotte-Sancho Pança l'uni-dualité humaine qui porte en elle à la fois le besoin mythologique et le besoin réaliste, à la fois l'idéal et le terre à terre.

Don Quichotte exprime dans le même temps l'insuffisance d'une réalité prosaïque et l'illusion du refuge dans l'imaginaire. C'est là sa lucidité post-marrane.

Shakespeare, l'hypothèse marrane

Les interrogations sur l'identité de William Shakespeare (1564-1616) ont été nombreuses au XIXᵉ siècle. Il a été suggéré que le véritable auteur de ses pièces était un aristocrate (Édouard de Vere, comte d'Oxford, ou William Stanley, comte de Derby), un dramaturge lettré comme Marlowe, ou un érudit comme Bacon. Il est en effet étonnant, pour ne pas dire incroyable, que le fils d'un gantier de Stratford-upon-Avon, apparemment peu éduqué, ait eu l'immense culture dont témoignent ses pièces.

En 2009, l'enseignant et écrivain Lamberto Tassinari publie *John Florio : The Man Who Was Shakespeare*[1], où il fournit un grand nombre d'arguments pour démontrer que John Florio est le véritable auteur des pièces de Shakespeare.

Il indique que Florio fut l'homme le plus cultivé et doué de son époque, conseiller privé de la reine, donc tenu à la discrétion s'il écrivait pour le théâtre. Ce protestant quitta l'Italie pour fuir la persécution catholique. Ses ascendants siciliens étaient des juifs convertis[2].

---

1. Paru en français sous le titre *John Florio alias Shakespeare*, Le Bord de l'eau, 2016.
2. La Sicile, passée sous la Couronne d'Espagne en 1442, poussa les juifs à la conversion ou à l'exil, notamment à Salonique où l'une des synagogues avait pour nom Sicilia.

John Florio était riche d'une très vaste culture, connaissait parfaitement l'anglais, l'italien, le français ; il traduisit en anglais de façon magistrale les *Essais* de Montaigne, dont un passage se trouve dans *La Tempête* de Shakespeare. Autant il semble curieux que le natif de Stratford-upon-Avon connaisse Vérone, Venise, Rome, Coriolan, Titus Andronicus, Jules César, Antoine et Cléopâtre, Périclès, autant cette connaissance paraît naturelle pour l'Italien Florio.

Je ne veux pas énumérer ici l'ensemble des arguments de Tassinari pour faire converger sur Florio la vraie paternité des textes de Shakespeare. Je veux simplement indiquer que la philosophie de ses œuvres ignore totalement le christianisme, y compris l'anglicanisme instauré par la reine Elizabeth. Pas de salut, pas de rédemption, pas de Jésus-Christ ni de Vierge Marie, mais un nihilisme radical. La vie ? « *It is a tale. Told by an idiot, full of sound and fury, signifying nothing*[1]. »

Aussi Shakespeare (ou Florio) pousse-t-il plus loin que Montaigne le scepticisme et plus loin que Spinoza l'a-théisme. L'absence d'un Dieu sauveur et protecteur, du Christ et de Marie

---

1. « C'est une histoire. Dite par un idiot, pleine de bruit et de fureur, et qui ne signifie rien », Shakespeare, *Macbeth*, acte V, scène 5, vers 1605.

est patente dans les tragédies de Shakespeare. Le monologue de Hamlet charrie l'incertitude et l'angoisse et ne compte sur aucun espoir de vie après la mort : « Mourir… dormir, rien de plus. » L'alternative à être (vivant) est ne pas être. La mort est « cette région inexplorée, d'où nul voyageur ne revient[1] ».

Ajoutons que nul Dieu, nul Ange ne demande à Hamlet de punir les assassins de son père : c'est le fantôme du défunt qui l'en charge. L'on trouve dans Shakespeare des spectres et des sorcières, mais jamais le Dieu sauveur du christianisme. Nulle Providence ne guide les héros shakespeariens qui sont mus par les ambitions et les folies d'*Homo demens*.

Homo sapiens apparaît de façon exceptionnelle avec le sage Prospero dans *La Tempête*. Pour la tirade de Gonzalo[2], Shakespeare s'inspire directement d'un passage de Montaigne : « Des cannibales », dans la traduction de John Florio de 1603. Ce que même les plus intégristes shakespeariens ne mettent pas en doute.

Notons aussi, pour conforter l'hypothèse postmarrane, la conscience que le juif, comme l'exprime Shylock dans *Le Marchand de Venise*, est un homme comme les autres : « Je suis un juif !

---

1. Shakespeare, *Hamlet*, acte III, scène 1, 1603.
2. Shakespeare, *La Tempête*, acte II, scène 1, 1610.

Un juif n'a-t-il pas des yeux ? Un juif n'a-t-il pas des yeux, des organes, des proportions, des sens, des affections, des passions ? N'est-il pas nourri de la même nourriture, blessé des mêmes armes, sujet aux mêmes maladies, guéri par les mêmes moyens, échauffé et refroidi par le même été et par le même hiver qu'un chrétien ? Si vous nous piquez, est-ce que nous ne saignons pas ? Si vous nous chatouillez, est-ce que nous ne rions pas ? Si vous nous empoisonnez, est-ce que nous ne mourons pas ? Et si vous nous outragez, est-ce que nous ne nous vengerons pas ? Si nous sommes comme vous, du reste, nous vous res-semblerons aussi en cela[1]. »

Alors qu'en France on se borne à ignorer les origines marranes de Montaigne, qu'en Espagne on les signale parfois pour Cervantès, la réaction britannique est véhémente et absolue contre la thèse de Tassinari faisant d'un émigré italien d'ascendance juive le véritable auteur des pièces de Shakespeare. Les Anglais, même cultivés, ne peuvent supporter qu'un Italien usurpe la place de leur gloire nationale.

Je me souviens de la colère du bon Peter Brook, qui m'avait pris en amitié, quand je lui ai demandé ce qu'il pensait de la thèse faisant de Florio l'auteur des pièces de Shakespeare. « Tous

---

1. Shakespeare, *Le Marchand de Venise*, acte III, scène 1, 1600.

les gens et critiques compétents savent que cette thèse est fausse ! » me dit-il avec colère ; et son amitié à mon égard disparut.

Cela dit, il est possible qu'un grand nombre de tragédies de Shakespeare soient le produit d'une collaboration Florio-Shakespeare.

Ainsi, si mes propos sont convaincants, le post-marranisme, à travers les héritages de Montaigne, Cervantès, Spinoza et Florio-Shakespeare, serait à l'origine de la libre-pensée humaniste et laïque qui constitue le meilleur de l'apport intellectuel de la culture européenne, pas seulement pour l'Europe elle-même, mais aussi pour l'humanité.

Second Guerre mondiale :
quelques rappels de faits sous-estimés ou occultés

1. Comment l'aryanisme contribua à la défaite de Hitler

Comme on sait, les accords de Munich signés le 30 septembre 1938 n'ont pas seulement provoqué le démantèlement de la Tchécoslovaquie, ils ont aggravé les difficultés à négocier une entente entre la France, le Royaume-Uni et l'URSS contre la menace allemande en Pologne.

L'Union soviétique exigeait que, en cas d'attaque allemande en Pologne, ses troupes puissent entrer en territoire polonais, ce que refusèrent les Occidentaux. Ce refus favorisa la conclusion en août 1939 du pacte germano-soviétique.

La France et le Royaume-Uni déclarèrent la guerre à l'Allemagne le 3 septembre 1939, après l'invasion de la Pologne par Hitler le 1er septembre. Se produisit alors quelque chose de stupéfiant dont on n'a guère relevé l'absurdité, pour ne pas dire l'imbécillité. La déclaration de guerre ne fut suivie d'aucune offensive franco-britannique en Allemagne, pour soulager et aider cette Pologne pour laquelle on avait déclaré la guerre et qu'on a laissée passivement être dépecée.

Suivit une année dite de « drôle de guerre », d'inaction totale, à l'exception d'une expédition au nord de la lointaine Norvège, à Narvik, pour « couper la route permanente du fer vers l'Allemagne », selon les termes de Paul Reynaud, président du Conseil. Mais l'Allemagne ouvrit rapidement d'autres routes du fer.

La « drôle de guerre » se termina par les offensives surprises de la Wehrmacht aux Pays-Bas, en Belgique et simultanément dans les Ardennes, cette dernière attaque débouchant sur un nouveau et désastreux Sedan. Puis les armées allemandes se ruèrent vers Dunkerque, où le contingent anglais était en passe d'embarquer et où les Français furent pris au piège.

Ici se situe un autre événement surprenant et significatif. Hitler ordonna à ses troupes une pause de deux jours qui laissa le temps à l'armée anglaise d'embarquer.

Cette décision se conçoit aisément. Hitler était persuadé qu'il pouvait s'entendre avec les Anglais, ces « cousins aryens ». De plus, une faction importante du parti conservateur au pouvoir, ainsi qu'une partie de la Couronne britannique, souhaitait le type de paix que Hitler était prêt à offrir : à l'Allemagne, l'Europe ; au Royaume-Uni, les mers et ses colonies.

Ce calcul avait tout pour réussir, si ce n'est que le désastre des armées britanniques aux Pays-Bas et en Belgique suscita une crise ministérielle, la démission du « pacifiste » Neville Chamberlain et son remplacement par l'énergique Churchill, le 13 mai 1940. Churchill élimina toute éventualité de paix séparée et prépara son pays à une guerre à outrance, ne promettant que « du sang, du labeur, des larmes et de la sueur ».

Cette résistance inattendue du cousin aryen alors que la France était totalement envahie et vaincue suscita l'ire de Hitler, qui lança des raids quotidiens massifs sur Londres à partir du 7 septembre 1940. Comme tous les autres bombardements de terreur qui suivirent dans l'histoire, ceux-ci ne démoralisèrent pas les populations. Le Blitz galvanisa au contraire la défense héroïque des avions de chasse de la RAF, jusqu'à ce que la Luftwaffe mette fin à ses bombardements le 21 mai 1941.

Hitler n'a cependant jamais abandonné son espoir illusoire d'une entente avec le Royaume-Uni. Si ce n'est à son instigation, c'est du moins dans cet esprit que Rudolf Hess, un de ses proches, débarqua par avion en Écosse le

10 mai 1941, un mois avant l'attaque allemande en URSS.

Du reste, durant l'avancée des troupes soviétiques en Pologne puis en Allemagne même, Hitler et son entourage restèrent persuadés que les Anglo-Américains se retourneraient contre l'Union soviétique. Ils ignoraient que cela se passerait après leur capitulation.

Le mythe aryen fut une des causes de l'aveuglement de Hitler sur la position britannique. Il fut aussi une des causes de son échec en URSS.

Les nations européennes ayant colonisé une grande partie du monde, Hitler était conforté dans son intention de coloniser les territoires slaves, notamment ceux de l'empire soviétique, persuadé que, comme l'indique son nom, le slave est fait pour être esclave. Aussi la colonisation de l'URSS demeura-t-elle son objectif prioritaire – ce que Staline, confiant en une complémentarité durable avec le pacte germano-soviétique, n'a pas perçu.

L'invasion de l'URSS se fit dans des conditions particulièrement impitoyables pour les peuples occupés, y compris pour le peuple ukrainien qui, écrasé et saigné par la kholkozification forcée, la déportation massive des koulaks (paysans prétendument aisés), la grande famine de 1932-1933, accueillit en libérateurs les Allemands, mais fut victime du nazisme comme les autres nations de l'URSS.

L'oppression nazie favorisa le patriotisme et la résistance soviétique. Les désastres militaires incitèrent Staline à remplacer ses généraux, courtisans incapables, par des chefs de valeur ayant intégré les leçons du général Toukhatchevski, assassiné par Staline. Et finalement, les généraux slaves Joukov, Koniev et Rokossovski se montrèrent meilleurs stratèges que les von Rundstedt et Manstein.

La victoire des Slaves sur les soi-disant aryens porta un coup fatal à l'idéologie nazie, sauf en ce qui concerne l'antisémitisme, fondé sur la haine du Juif, qui devint de plus en plus virulente, jusqu'à devenir génocidaire.

Cet antisémitisme entraîna l'exil aux États-Unis d'Einstein et de bien d'autres scientifiques. Il poussa Oppenheimer à produire l'arme atomique, prévue à l'origine contre l'Allemagne – vaincue avant qu'elle fût prête. En somme, l'antisémitisme nazi fortifia les États-Unis scientifiquement, techniquement, militairement, politiquement et culturellement.

Ainsi, l'imbécillité aveugle de l'aryanisme contribua à la défaite de Hitler.

2. Franco servit objectivement la cause du Royaume-Uni

Tandis que Laval et von Ribbentrop négociaient les bases de la collaboration, Hitler se rendit secrètement à Hendaye le 23 octobre 1940 pour rencontrer Franco et lui demander d'entrer en guerre. Les versions des négociations sont très diverses car ni l'Espagne ni les États-Unis n'ont ouvert leurs archives. Selon une version, Hitler offrait le Maroc et la moitié de l'Algérie à l'Espagne si celle-ci laissait les troupes allemandes passer en Afrique du Nord et foncer vers Suez et les pétroles du Moyen-Orient. Selon une autre version, il n'offrait que Gibraltar de peur que l'empire colonial français abandonne Vichy et passe du côté anglais. Vu l'insistance de Hitler pour que Franco entre en guerre, la première version me semble la plus probable. Franco aurait en retour multiplié les contre-propositions, soit impossibles à réaliser par l'Allemagne, soit sans nul intérêt stratégique.

Pourquoi Franco refusa-t-il de suivre dans une guerre jusqu'alors victorieuse l'Allemagne nazie, qui fut avec l'Italie fasciste son principal soutien ?

Le rusé Caudillo aurait évoqué son pays ruiné par la guerre civile, mais on peut surtout penser qu'il ne voulait pas entrer en conflit avec un Royaume-Uni encore invaincu. J'ai pu aussi supposer, mais sans nul indice, que Franco, conscient de son ascendance marrane, répugna à l'antisémitisme racial nazi alors que l'Espagne catholique avait plus ou moins intégré les juifs convertis. Le franquisme se fondait sur l'union de l'Espagne réactionnaire cléricale et de la Phalange quasi fasciste. Le pouvoir de Franco instrumentalisa la Phalange et envoya ses membres sur le front de l'URSS aux côtés de la Wehrmacht[1].

Il reste de tout cela que le sinistre Franco mit un frein pour un temps au projet africain de Hitler, sauva peut-être le Royaume-Uni en Égypte mais consolida en revanche sans le vouloir le pétainisme de l'empire colonial français qui ne rejoignit pas la cause alliée.

De fait, dès septembre 1940, les Italiens, maîtres de la Libye, attaquèrent en vain les Britanniques en Égypte. Rommel intervint en février 1941 en Libye mais ne put conquérir l'Égypte. Tandis que l'armée britannique bénéficiait de la résistance française à Bir Hakeim en mai 1942, Rommel fut vaincu à El-Alamein le 3 novembre 1942.

---

1. Fait intéressant, Dionisio Ridruejo, chantre de la Phalange pendant la guerre civile, devint un des premiers résistants au franquisme à son retour du front russe ; je l'ai connu après la guerre et suis devenu son ami en admirant son courage.

Nous ne saurons jamais avec certitude si Franco a joué un rôle dans l'échec de l'Afrika Korps pour la conquête de Suez. Mais s'il est vrai qu'il a refusé Gibraltar, voire une partie de l'Afrique du Nord, l'on peut dire que Franco servit objectivement la cause des Britanniques.

3. La défaite allemande de décembre 1941 accéléra la « solution finale »

L'impréparation et la surprise de Staline étaient totales quand la Wehrmacht attaque l'URSS le 22 juin 1941. Bien que prévenu par son agent au Japon, Sorge, et par les services secrets britanniques, il avait préféré croire à de l'intoxication. Il ne pouvait concevoir que Churchill ferait passer l'antinazisme avant l'anticommunisme.

Staline, ce méfiant pathologique, avait confiance en Hitler. Au cours de la signature du pacte par von Ribbentrop et Molotov, il s'était insensiblement rapproché de l'ambassadeur d'Allemagne et lui avait glissé (ce qu'entendit et rapporta l'ambassadeur japonais qui se trouvait devant Staline) : « Dites à votre *führer* que j'approuve totalement sa politique à l'égard des Juifs. »

En fait, Staline livra à l'Allemagne nazie – qui les envoya aussitôt en camp de concentration – les trois cent cinquante communistes allemands qui avaient fui le Reich pour trouver refuge en URSS. Parmi eux se trouvait Margaret Buber-Neumann, belle-fille du philosophe Martin Buber puis, après son divorce, compagne de Heinz Neumann, responsable communiste allemand liquidé par Staline en 1937. Elle survécut au goulag et au camp de concentration nazi et put témoigner après-guerre.

Il ressort à mes yeux que le pacte germano-soviétique ne fut pas pour Staline une ruse afin de gagner du temps, mais bien la possibilité d'un partage de l'Europe avec Hitler.

L'Allemagne attaqua l'URSS le 22 juin 1941 et non en mai, comme prévu. Ce retard est imputable à Mussolini qui, bloqué en Grèce, appela Hitler à son secours. La Wehrmacht, en envahissant la Yougoslavie puis la Grèce, perdit un mois précieux. À l'automne 1941, la raspoutitsa et ses énormes boues bloquèrent les véhicules et les hommes et ralentirent à l'extrême l'avance allemande vers Moscou. Enfin, le gel paralysa la Wehrmacht aux portes de Moscou. Un mois plus tôt, Moscou serait probablement tombé. Par ailleurs, Staline ayant été informé que le Japon n'attaquerait pas la Sibérie, le général Joukov put transporter par Transsibérien sur le front de Moscou des troupes bien équipées et habituées au froid.

Le 6 décembre 1941, Joukov déclencha l'offensive qui libéra Moscou et repoussa la Wehrmacht de deux cents kilomètres. Le 7, le Japon attaqua Pearl Harbor et fit basculer les États-Unis dans la guerre. En quarante-huit heures, le destin du monde s'en trouva renversé.

La probable domination durable de l'Allemagne sur l'Europe devint improbable, tandis que l'improbable libération de l'Europe commença à devenir probable.

La conséquence terrible de la défaite allemande de fin 1941 fut que Hitler, entrevoyant soudain la possibilité de la débâcle générale, ne put supporter l'hypothèse d'une « victoire des Juifs ». Le 20 janvier 1942, à la conférence de Wannsee, fut décidée l'élimination physique des Juifs européens ; la construction des camps de la mort se fit au printemps, aussitôt suivie par les déportations massives et les hécatombes.

4. Stalingrad n'est d'abord qu'un objectif politique pour Hitler

La grande offensive allemande de 1942 visait le Caucase et ses richesses pétrolières. La route du Caucase ne passait nullement par Stalingrad, située trop à l'est. Mais Hitler pensa qu'une partie de la Wehrmacht pouvait être détournée vers

Stalingrad, dont la prise aurait un impact énorme sur l'image de Staline, en URSS et dans le monde.

L'armée de Paulus entra dans la ville le 23 août 1942 et de féroces combats se tinrent de bâtiment en bâtiment, d'étage en étage, jusqu'à ce que Hitler puisse annoncer officiellement la chute de la ville, conquise à l'exception d'une petite bande de terre le long de la Volga où arrivaient de nuit des renforts russes toujours repoussés. Tandis que le général Tchouïkov résistait désespérément sur sa bande de terre, Joukov prépara l'encerclement gigantesque des troupes de Paulus et déclencha l'offensive qui anéantit l'armée de Paulus et fit capituler son chef. Ainsi Hitler fut-il le déclencheur aveugle de la plus spectaculaire victoire de Staline et de sa glorification mondiale.

5. *Les derniers défenseurs du Reich ne furent pas des Allemands*

Tandis que les armées de Koniev, Joukov et Rokossovski progressaient dans Berlin, en avril 1945, les troupes qui défendirent la chancellerie de Hitler, réfugié dans son bunker souterrain, n'étaient pas allemandes. À part quelques gamins et vieillards, les soldats au feu étaient néerlandais, français, norvégiens, belges et autres fascistes européens. Les officiers allemands avaient pour la plupart abandonné le combat, ils se livraient à des orgies, se soûlaient, se suicidaient, fuyaient.

Ainsi, les derniers défenseurs du Reich furent non pas des Allemands, mais des volontaires des nations voisines asservies, illuminés par le mythe d'une Europe nationale-socialiste.

Le réseau[1]

J'ai cet ultime bonheur de voir enfin reconnue et relatée une des plus magnifiques aventures de la Résistance, celle qui a commencé dès 1940 au stalag XI-B pour prisonniers récalcitrants et évadés ratés, et où est née une extraordinaire organisation clandestine. Elle a même pu fabriquer de faux papiers de rapatriement, qu'utilisèrent entre autres les promoteurs et animateurs du mouvement : André Ulmann et Michel Cailliau, qui créèrent et développèrent en France le Mouvement de résistance des prisonniers de guerre et déportés (MRPGD). Tout en menant la lutte en France, ils la continuèrent sur le « front intérieur allemand », incitant les prisonniers employés dans les usines à saboter et les soldats à déserter.

---

1. Postface au livre d'Emmanuel Lemieux, *Le Réseau. Les derniers secrets de la Résistance*, Éditions du Cerf, 2023.

Mon bonheur vient surtout du fait qu'un des chefs les plus valeureux et les plus courageux de la Résistance, Michel Cailliau, par ailleurs neveu de De Gaulle, ignoré de tous les historiens qui ont traité de cette période, soit enfin reconnu dans son action magnifique et sa personnalité hors-norme. Je suis heureux d'avoir poussé Emmanuel Lemieux à découvrir Michel Cailliau, pseudo Charette. Ce livre relate une épopée ignorée, occultée. C'est un morceau d'histoire qui surgit du néant.

Membre du MRPGD puis du MNPGD après que Mitterrand eut évincé Cailliau, tout en restant fidèle à son réseau, je suis aujourd'hui un témoin pouvant authentifier les pages de cette singulière et admirable aventure, où j'ai connu tant de personnalités extraordinaires, elles-mêmes oubliées, et qu'Emmanuel Lemieux extirpe de l'oubli.

Au moment de refermer ce livre, me reviennent tous mes amis ou plutôt mes frères, dont ceux de lycée et de Résistance, Jacques-Francis Rolland, Claude Dreyfus, Joseph Récanati, Blaise Retiès. Nous avions à peine vingt ans, et nous mettions nos vies dans la balance.

Je pense à Jean l'Allemand, ou plutôt Gerhard Kratzat, qui fut mon adjoint et qui est mort fusillé, après les tortures de la Milice et de Klaus Barbie. Je pense à Félix Kreissler, l'ami communiste autrichien dont j'ai pu aider l'organisation clandestine et qui fut déporté à Buchenwald. Je suis en compagnie de l'âme exceptionnelle d'un Pierre Le Moign', ou du charme hypnotique d'André Ulmann. Ce livre répare une mémoire déchirée et réhabilite des fantômes merveilleux, ceux du Club des Tordus.

Dès 1940, Michel Cailliau et ses amis les Tordus créèrent dans leur stalag même, le XI-B, une organisation de résistance très originale. Lorsque je les rejoins début 1943 à Lyon, puis organise le mouvement à Toulouse, le MRPGD se distingue par des traits spécifiques. Il est franco-allemand, opérant dans les deux pays avec des Allemands antinazis. Il est gaullo-communiste (je suis un petit sous-marin rouge). Il est judéo-chrétien (après-guerre, ses détracteurs accusèrent Michel d'antisémitisme, ce qui est totalement absurde). Il est mixte également : l'audacieuse Clara Malraux qui m'a fait rentrer dans la Résistance, Violette, la fille au manteau mauve, ma compagne d'amour, de Résistance et de clandestinité au courage si naturel et qui deviendra mon épouse, la reine des abeilles Marguerite Duras...

Dans cette folie de torture et de mort qui nous entourait, j'ai aimé Dionys Mascolo pour qui j'ai eu le coup de foudre de l'amitié. J'ai aimé Morland, audacieux et flamboyant (moins le politique qui a suivi).

J'ai aimé Charette, au courage inouï et à la belle et énergique ferveur.

J'ai pu, grâce à tous, devenir Edgar Morin.

J'ignore quelle leçon pourront en tirer les générations du XXIe siècle. Nous avons eu à affronter une guerre totale, qui a bouleversé nos vies, nos destins et notre manière de penser. Nous avons formé une Résistance qui nous a formés.

J'en tire la leçon de résister à toutes les injustices, à tous les processus régressifs, barbares ou destructeurs menaçant aujourd'hui chaque individu et toute l'humanité.

Changeons de voie

La démocratie

La démocratie, c'est d'abord la séparation des pouvoirs : le pouvoir exécutif qui commande, le pouvoir législatif qui fait les lois et le pouvoir judiciaire qui rend la justice. Ces pouvoirs doivent être indépendants.

La démocratie suppose aussi une pluralité d'idées qui se confrontent et qui s'opposent. C'est bien entendu dangereux, puisque des oppositions trop brutales, plutôt que de rester sur le plan du langage, peuvent se transformer en oppositions physiques. Parfois, des coups s'échangent dans certaines chambres des députés. Beaucoup plus grave, des putschs militaires, des coups d'État suppriment la démocratie. La démocratie est un régime dans lequel il faut reconnaître la nécessité de protagonistes qui ne pensent pas comme vous. Voltaire disait en parlant d'un de ses ennemis : « Monsieur, je déteste vos idées mais je suis prêt à risquer ma vie pour que vous puissiez les exprimer. » Une certaine souffrance doit être acceptée dans la tolérance des idées qui font horreur. Il faut aussi penser à ce qu'évoque Pascal et qui arrive souvent : « Le contraire d'une vérité est une vérité contraire. » C'est-à-dire qu'il n'y a pas toujours une vérité s'opposant à l'erreur ; parfois, l'adversaire exprime un autre aspect de la réalité. Une bonne démocratie, c'est une démocratie dans laquelle on reprend les bonnes suggestions de l'adversaire pour les intégrer dans sa politique ; le jeu des antagonismes doit être producteur et non pas stérile.

Il y a cependant un talon d'Achille au principe de nécessité des antagonismes d'idées : dans quelle mesure tolérer l'expression et le développement des idées ou des partis dont le but explicite est la destruction de la démocratie ? Rappelons que le parti nazi d'Hitler obtint démocratiquement une majorité au Parlement. Karl Popper soutient que la démocratie doit être intolérante aux intolérants. Mais n'est-ce pas abandonner le principe fondamental de tolérance ? Il y aurait certes un seuil au-delà duquel la démocratie doit se sauvegarder en éliminant ses destructeurs de la vie politique. Ce seuil ne peut être fixé à l'avance, il dépend des conditions historiques du moment.

On oublie souvent un autre aspect de la

démocratie, c'est le respect des minorités. Parfois, des minorités qui n'ont pas la possibilité démographique d'avoir leurs représentants ou qui ont un statut inférieur, humilié, sont ignorées. Dans une démocratie, les minorités d'origine ethnique, idéologique ou religieuse doivent être respectées et des règles doivent leur permettre de s'exprimer.

J'en arrive au point le plus délicat et difficile de la démocratie, qu'a bien mis en relief le philosophe Claude Lefort. Il disait : « La démocratie n'a pas de vérité. » La démocratie donne le pouvoir pendant quelques années à telle vérité de tel parti, à la différence d'un régime totalitaire ou d'un régime théocratique, dans lesquels il n'y a qu'une vérité absolue et permanente.

Il faut accepter que la démocratie n'ait pas de vérité. Il faut accepter ce caractère propre à une démocratie qui n'impose aucune vérité mais qui laisse le jeu des vérités diverses s'exprimer à travers le vote de ses citoyens.

Cela explique d'ailleurs la difficulté et la lenteur de l'enracinement des démocraties dans l'histoire. En Angleterre, une île qui n'a jamais été envahie depuis Guillaume le Conquérant il y a mille ans, la démocratie a pu, lentement, avec une certaine continuité, s'établir, pour ne s'épanouir qu'au début du XXe siècle. Mais en France, cette démocratie a duré quelques années puis a été renversée par Thermidor, le général Bonaparte, la Restauration, etc. La France a connu beaucoup d'éclipses démocratiques. La démocratie est un système délicat, fragile mais nécessaire pour devenir et se sentir citoyen, pour être responsable à l'égard de ses concitoyens.

Cela étant dit, la démocratie suppose également une pluralité d'informations. Pour voter, pour décider, il faut savoir ce qui se passe dans le pays et dans le monde. Pendant très longtemps, on n'a eu aucune information objective sur ce qu'était l'Union soviétique. Beaucoup croyaient qu'elle était ce que proclamaient ses idéaux magnifiques de fraternité et d'égalité. Il a fallu de nombreuses années pour qu'on découvre la réalité, et les électeurs naïfs, croyant à la vérité des propos soviétiques, ont pu voter communiste avec une très grande bonne foi, et la certitude d'élire un régime meilleur. De la même façon, on n'a pas su vraiment ce qui se passait dans la Chine de Mao. Nous avons donc besoin d'une pluralité d'informations, de médias de tendances diverses, sur le plan des opinions mais aussi des sources. Une source unique d'information n'est pas nécessairement fiable.

La difficulté, c'est que nous sommes dans une époque où beaucoup de problèmes ont un caractère technique que le citoyen normal ignore. Nous ne savons pas comment fonctionne une bombe atomique ou une centrale nucléaire. Des économistes prétendent connaître les voies de l'économie, mais nous savons qu'il y a plusieurs écoles économiques, et chacun prétend nous donner la vérité. Voici des questions difficiles que les temps modernes nous obligent à considérer. À cet égard, l'éducation a un rôle à jouer. Je ne parle pas seulement d'une éducation scolaire, mais d'une éducation qui puisse être donnée dans les universités populaires, pour fournir aux adultes des informations fondamentales sur les problèmes importants afin qu'ils puissent réfléchir et prendre des décisions éclairées.

Changeons de Voie,
changeons de Vie

Nous sommes innombrables, mais dispersés, à supporter de plus en plus difficilement l'hégémonie du profit, de l'argent, du calcul (statistiques, croissance, PIB, sondages), qui ignorent nos vrais besoins ainsi que nos légitimes aspirations à une vie à la fois autonome et communautaire.

Nous sommes innombrables, mais séparés et compartimentés, à souhaiter que la trinité « Liberté, Égalité, Fraternité » devienne notre norme de vie personnelle et sociale et non le masque à la croissance des servitudes, des inégalités et des égoïsmes.

Au cours des dernières décennies, avec l'hégémonie de l'économie libérale mondialisée, le profit s'est déchaîné au détriment des solidarités et des convivialités ; les conquêtes sociales ont été en partie annulées ; la vie urbaine s'est dégradée ; les produits ont perdu leurs qualités (obsolescence programmée, voire vices cachés) ;

les aliments ont perdu de leurs vertus, saveurs et goûts.

Certes, de très nombreuses oasis de vie aimante, familiale, fraternelle, amicale, solidaire, ludique témoignent de la résistance du vouloir bien vivre. La civilisation de l'intérêt et du calcul ne pourra jamais les anéantir. Mais ces oasis sont encore trop dispersées et sans liens les unes avec les autres.

Elles se développent pourtant, et leur conjonction ébauche le visage d'une autre civilisation possible.

La conscience écologique, née de la science du même nom, nous indique non seulement la nécessité de développer les sources d'énergie propres et d'éliminer progressivement les autres, y compris le si dangereux nucléaire, mais aussi de vouer une part de plus en plus importante de l'économie à la propreté des villes polluées et à la salubrité de l'agriculture, donc à faire régresser l'agriculture et l'élevage industrialisés – au profit de l'agriculture fermière et de l'agroécologie.

Une formidable relance de l'économie faite en ce sens, stimulée par les développements de l'économie sociale et solidaire, permettrait une très importante résorption du chômage comme une importante réduction de la précarité du travail.

Une réforme des conditions du travail serait nécessaire au nom même de cette rentabilité qui aujourd'hui produit la mécanisation des comportements, voire la robotisation, le burn-out, les maladies et le chômage – ce qui diminue donc la rentabilité tant recherchée. En fait, la rentabilité peut être obtenue, non par la robotisation des comportements mais par le plein-emploi de la personnalité et de la responsabilité des salariés. La réforme de l'État doit être pensée non comme réduction ou augmentation des effectifs, mais comme débureaucratisation, c'est-à-dire communication entre les compartimentés, initiatives et rétroactions constantes entre les niveaux de direction et ceux d'exécution.

La réforme de la consommation serait capitale. Elle permettrait une sélection éclairée des produits selon leurs vertus réelles et non les vertus imaginaires vantées par les publicités ou les influenceurs, ce qui opérerait la régression des intoxications consuméristes (dont les intoxications automobile et alimentaire). Le goût, la saveur, l'esthétique guideraient la consommation, laquelle, en se développant, ferait régresser l'agriculture industrialisée, la consommation insipide et malsaine et, par là, la domination du profit.

Le développement des circuits courts, notamment pour l'alimentation, via les marchés et les associations, favoriserait notre santé et freinerait l'hégémonie des grandes surfaces et des produits ultra-transformés.

Par ailleurs, la résistance aux produits à obsolescence programmée (automobiles, réfrigérateurs, ordinateurs, téléphones portables, chaussettes, etc.) favoriserait un néoartisanat. En outre, encourager les commerces de proximité humaniserait considérablement nos villes. Tout cela provoquerait du même coup une régression de cette formidable force techno-économique qui pousse à l'anonymat, à l'absence de relations cordiales avec autrui, souvent dans un même immeuble.

Aussi, les consommateurs, c'est-à-dire l'ensemble des citoyens, ont acquis un pouvoir qui, faute de reliance collective, leur est invisible, mais qui pourrait, une fois éclairé et éclairant, déterminer une nouvelle orientation non seulement de l'économie (industrie, agriculture, distribution), mais de nos vies vers de plus en plus de convivialité.

Une nouvelle civilisation tendrait à restaurer des solidarités locales ou à instaurer de nouvelles solidarités – comme la création de maisons de la solidarité dans les petites villes et les quartiers de grandes villes. Elle stimulerait la convivialité, besoin humain premier, qu'inhibe la vie rationalisée, chronométrée, vouée à l'efficacité.

Nous pouvons retrouver les vertus du bien-vivre par les voies d'une réforme existentielle.

Nous devons reconquérir un temps à nos rythmes propres, qui n'obéirait plus que partiellement à la pression chronométrique. Nous pourrons alterner les périodes de vitesse (aux vertus enivrantes) et les périodes de lenteur (aux vertus sérénisantes).

Retrouvons le goût d'une vie poétisée par la fête et par la communion dans les arts, le théâtre, le cinéma, la danse.

Au-delà de notre sphère de vie quotidienne, nous aspirons à participer au monde, nous prenons conscience de notre appartenance à l'humanité, aujourd'hui interdépendante. Nous croyons, comme Montaigne le disait déjà au xvie siècle, que « tout homme est mon compatriote » et que l'humanisme se déploie comme respect de tout être humain. Nos patries dans leur singularité font partie de la communauté humaine. Nos individualités dans leur singularité font partie de la communauté humaine. Les problèmes et périls vitaux apportés par la mondialisation lient désormais tous les êtres humains dans une communauté de destin. Nous devons reconnaître notre patrie terrienne (qui a fait de nous des enfants de la Terre), notre patrie terrestre (qui intègre nos diverses patries), notre citoyenneté terrienne (qui reconnaît notre responsabilité dans le destin terrestre). Chacun d'entre nous est un moment, une particule de la gigantesque et incroyable aventure issue d'*Homo sapiens-demens*. Cette aventure, portée par la naissance, la grandeur et la chute des empires et civilisations, est emportée dans un devenir où tout ce qui semblait impossible est devenu possible, dans le pire comme dans le meilleur. Aussi un humanisme approfondi et régénéré est-il nécessaire à notre volonté de réhumaniser et régénérer nos pays, nos continents, notre planète.

La mondialisation, avec ses chances et surtout ses périls, a créé une communauté de destin pour tous les humains. Nous devons tous affronter la dégradation écologique, la multiplication des armes de destruction massive, l'hégémonie de la finance sur nos États et nos destins, la montée des fanatismes aveugles, le retour de la guerre en Europe. Paradoxalement, c'est au moment où l'on devrait prendre conscience solidairement de la communauté de destin de tous les Terriens que, sous l'effet de la crise planétaire et des angoisses qu'elle suscite, partout on se réfugie dans les particularismes ethniques, nationaux, religieux.

Nous appelons chacun à la prise de conscience nécessaire et aspirons à sa généralisation pour que les grands problèmes soient enfin traités à l'échelle de la planète.

La pensée socialiste en ruine.
Que peut-on espérer[1] ?

Le sens du mot « socialisme » s'est totalement dégradé dans le triomphe du socialisme totalitaire, puis totalement discrédité dans sa chute. Le sens du mot « socialisme » s'est progressivement étiolé dans la social-démocratie, laquelle est arrivée à bout de souffle partout où elle a gouverné. On peut se demander si l'usage du mot est encore recommandable. Mais ce qui reste et restera, ce sont les aspirations qui se sont exprimées sous ce terme : aspirations à la fois libertaires et « fraternitaires », aspirations à l'épanouissement humain et à une société meilleure.

Gonflé par la sève de ces aspirations au cours du XIXe et du XXe siècle, le socialisme a apporté une immense espérance. C'est cette espérance, morte aujourd'hui, qui ne peut être ressuscitée

1. Ce texte vieux de trente ans est de plus en plus actuel.

telle quelle. Peut-on générer une nouvelle espérance ? Il nous faut revenir aux trois questions que posait Kant il y a deux siècles : « Que puis-je savoir ? Que dois-je faire ? Que m'est-il permis d'espérer ? » Les socialistes du xixe siècle avaient bien compris la solidarité des trois questions. Ils ne répondirent à la troisième qu'après avoir interrogé les savoirs de leur temps, non seulement sur l'économie et la société, mais aussi sur l'homme et le monde, et l'entreprise d'investigation la plus complète et synthétique fut opérée par Karl Marx avec l'aide de Friedrich Engels. Sur ces bases cognitives, Marx a élaboré une pensée qui a donné sens, certitude, espérance aux messages socialistes et communistes.

Aujourd'hui, le problème n'est plus de savoir si la doctrine marxiste est morte ou non. Il est de reconnaître que les fondements cognitifs de la pensée marxiste sont inadéquats pour comprendre le monde, l'homme, la société. Pour Marx, la science apportait la certitude. Aujourd'hui, nous savons que les sciences apportent des certitudes locales mais que les théories sont scientifiques dans la mesure où elles sont réfutables, c'est-à-dire non certaines. Et, sur les questions fondamentales, la connaissance scientifique débouche sur d'insondables incertitudes. Pour Marx, la certitude scientifique éliminait l'interrogation philosophique.

Aujourd'hui, nous voyons que toutes les avancées des sciences raniment les questions philosophiques fondamentales. Marx croyait que la matière était la réalité première de l'Univers. Aujourd'hui, la matière est l'un des aspects d'une réalité physique polymorphe.

Pour Marx, le monde était déterministe, et il crut dégager des lois du devenir. Aujourd'hui, nous savons que les mondes physique, biologique, humain évoluent, chacun à leur manière, selon des dialectiques d'ordre, désordre, organisation, comportant aléas et bifurcation, et toutes menacées à terme par la destruction. Les idées d'autonomie et de liberté étaient inenvisageables dans cette conception déterministe. Aujourd'hui, nous pouvons concevoir de façon scientifique l'auto-organisation et l'autoproduction, et nous comprenons que l'individu comme la société humaine sont des machines non triviales, capables d'actes inattendus et créateurs.

Litanies et pragmatisme

La conception marxienne de l'homme était unidimensionnelle et pauvre : ni l'imaginaire ni le mythe ne faisaient partie de la réalité humaine profonde. L'être humain était un *Homo faber*, sans intériorité, sans complexités, un producteur prométhéen voué à renverser les dieux et à maîtriser l'Univers. Alors que, comme l'avaient vu Montaigne, Pascal, Shakespeare, *Homo* est *sapiens-demens*, être complexe, multiple, portant en lui un cosmos de rêves et de fantasmes.

La conception marxienne de la société privilégiait les forces de production matérielles ; la clé du pouvoir sur la société était dans l'appropriation des forces de production ; les idées et idéologies, dont l'idée de Nation, n'étaient que de simples et illusoires super-structures ; l'État n'était qu'un instrument aux mains de la classe dominante ; la réalité sociale était dans le pouvoir de classe et la lutte des classes ; le mot « capitalisme » suffisait pour rendre compte de nos sociétés en fait multidimensionnelles. Or, aujourd'hui, comment ne pas voir qu'il y a un problème spécifique du pouvoir d'État, une réalité sociomythologique formidable dans la nation, une réalité propre des idées ? Comment ne pas voir les caractères complexes et multidimensionnels de la réalité anthroposociale ?

Marx croyait en la rationalité profonde de l'histoire ; il croyait le progrès scientifiquement assuré, il était certain de la mission historique du prolétariat pour créer une société sans classes et un monde fraternel. Aujourd'hui, nous savons que l'histoire ne progresse pas de façon frontale mais par déviances, se fortifiant et devenant tendances. Nous savons que le progrès n'est pas certain et que tout progrès gagné est fragile. Nous savons que la croyance dans la mission historique du prolétariat est non scientifique mais messianique : c'est la transposition sur nos vies terrestres du salut judéo-chrétien promis pour le ciel après la mort. Cette illusion a sans doute été la plus tragique et la plus dévastatrice de toutes.

Beaucoup d'idées de Marx sont et resteront fécondes. Mais les fondements de sa pensée sont sapés. Les fondements, donc, de l'espérance socialiste sont désintégrés. À la place, il n'y a plus rien sinon quelques formules litaniques et un pragmatisme au jour le jour. À une théorie articulée et cohérente a succédé une salade russe d'idées reçues sur la modernité, l'économie, la société, la gestion. Les dirigeants s'entourent d'experts, énarques, technocrates, éconocrates. Ils se fient au savoir parcellaire des experts qui leur semble garanti (scientifiquement, universitairement). Ils sont devenus aveugles aux formidables défis de civilisation, à tous les grands problèmes. La consultation permanente des sondages tient lieu de boussole. Le grand projet a disparu.

La conversion du socialisme à la bonne gestion ne peut être qu'une réduction au « gestionnarisme » : celui-ci, en se vouant au « au jour le jour », a aussi sapé les fondements de l'espérance, d'autant plus que la gestion ne peut résoudre les problèmes les plus criants.

L'insuffisante modernisation

Le débat archaïsme/modernisme est faussé par le double sens de chacun de ces termes. Si « archaïsme » signifie répétition litanique de formules creuses sur la supériorité du socialisme, les vertus de l'union de la gauche, l'appel aux « forces de progrès », alors il faut briser avec cet archaïsme. S'il signifie le ressourcement dans les aspirations à un monde meilleur, alors il faut examiner si et comment on peut répondre à ces aspirations. Si le modernisme signifie s'adapter au présent, alors il est radicalement insuffisant car il s'agit de s'adapter au présent pour essayer de l'adapter à nos besoins. S'il signifie affronter les défis du temps présent, alors il faut être résolument moderne. De toute façon, il ne s'agit pas seulement de s'adapter au présent. Il s'agit en même temps de préparer l'avenir. Enfin, signalons que le moderne, quand il signifie croyance au progrès garanti et en l'infaillibilité de la technique, est déjà dépassé.

Il est certain désormais qu'il faut abandonner toute Loi de l'histoire, toute croyance providentielle au Progrès, et extirper la funeste foi dans le salut terrestre. Il faut savoir que, tout en obéissant à divers déterminismes (qui du reste s'entrechoquent souvent et provoquent du chaos), l'histoire est aléatoire, connaît des bifurcations inattendues. Il faut savoir que l'action de gouverner est une action au gouvernail, où l'art de diriger est un art de se diriger dans des conditions incertaines qui peuvent devenir dramatiques. Le principe premier de l'écologie de l'action nous dit que tout acte échappe aux intentions de l'acteur pour entrer dans le jeu des interrétroactions du milieu, et il peut déclencher le contraire de l'effet souhaité.

Il nous faut une pensée apte à saisir la multidimensionnalité des réalités, à reconnaître le jeu des interactions et rétroactions, à affronter les complexités plutôt que de céder aux manichéismes idéologiques ou aux mutilations technocratiques (qui ne reconnaissent que des réalités arbitrairement compartimentées, sont aveugles à ce qui n'est pas quantifiable et ignorent les complexités humaines).

Il nous faut abandonner la fausse rationalité. Les besoins humains ne sont pas seulement économiques et techniques, mais aussi affectifs et mythologiques.

De l'homme prométhéen à l'homme prometteur

La perspective originelle du socialisme était anthropologique (concernant l'homme et son destin), mondiale (internationaliste), et civilisatrice (fraterniser le corps social, supprimer la barbarie de l'exploitation de l'homme par l'homme). On peut et on doit se ressourcer dans ce projet, tout en en modifiant les termes.

L'homme de Marx devait trouver son salut en se « désaliénant », c'est-à-dire en se libérant de tout ce qui était étranger à lui-même, et en maîtrisant la nature. L'idée d'un homme « désaliéné » est irrationnelle : autonomie et dépendance sont inséparables, puisque nous dépendons de tout ce qui nous nourrit et nous développe ; nous sommes possédés par ce que nous possédons : la vie, le sexe, la culture. Les idées de libération absolue, de conquête de la nature, du salut sur terre, relèvent d'un délire abstrait.

De plus, l'expérience historique du XXe siècle a montré qu'il ne suffit pas de renverser une classe dominante ni d'opérer l'appropriation collective des moyens de production pour arracher l'être humain à la domination et à l'exploitation. Les structures de la domination et de l'exploitation ont des racines à la fois profondes et complexes, et c'est en s'attaquant à toutes les faces du problème que l'on pourra espérer quelques progrès.

Nous ne pourrons éliminer le malheur ni la mort, mais nous pouvons aspirer à un progrès dans les relations entre humains, individus, groupes, ethnies, nations. L'abandon du progrès garanti par les « lois de l'histoire » n'est pas l'abandon du progrès, mais la reconnaissance de son caractère non certain et fragile. Le renoncement au meilleur des mondes n'est nullement le renoncement à un monde meilleur.

Est-il possible d'envisager, dans cette perspective, une politique qui aurait pour tâche de poursuivre et de développer le processus de l'hominisation dans le sens d'une amélioration des relations entre humains et d'une amélioration des sociétés humaines ?

Nous savons aujourd'hui que les possibilités cérébrales de l'être humain sont encore en très grande partie inexploitées. Nous sommes dans la préhistoire de l'esprit humain. Comme les possibilités sociales sont en relation avec les possibilités cérébrales, nul ne peut assurer que nos sociétés ont épuisé leurs possibilités d'amélioration et de transformation et que nous sommes arrivés à la fin de l'histoire... Ajoutons que les développements de la technique ont rétréci la Terre, permettent à tous les points du globe d'être en communication immédiate, donnent les moyens de nourrir toute la planète et d'assurer à tous ses habitants un minimum de bien-être.

Mais les possibilités cérébrales de l'être humain sont fantastiques, non seulement pour le meilleur, mais aussi pour le pire ; si *Homo sapiens-demens* avait dès l'origine le cerveau de Mozart, Beethoven, Pascal, Pouchkine, il avait aussi celui de Staline et Hitler... Si nous avons la possibilité de développer la planète, nous avons aussi la possibilité de la détruire.

De l'Internationale à la Terre-Patrie

Ainsi, il n'y a pas de progrès assuré, mais une possibilité incertaine, qui dépend beaucoup des prises de conscience, des volontés, du courage, de la chance... Et les prises de conscience sont devenues urgentes et primordiales. La possibilité anthropologique et sociologique de progrès restaure le principe d'espérance, mais sans certitude « scientifique », ni promesse « historique ».

La pensée socialiste voulait situer l'homme dans le monde. Or, la situation de l'homme dans le monde s'est plus modifiée dans les trente dernières années qu'entre le XVIe et le début du XXe siècle. La Terre des hommes a « paumé » son ancien Univers ; le Soleil est devenu un astre lilliputien parmi des milliards d'autres dans un Univers en expansion ; la Terre est perdue dans le cosmos ; c'est une petite planète de vie tiède dans un espace glacé où des astres se consument avec une violence inouïe et où des trous noirs s'autodévorent. C'est seulement sur cette petite planète qu'il y a, à notre connaissance, une vie et une pensée consciente. C'est le jardin commun à la vie et à l'humanité. C'est la Maison commune de tous les humains. Il s'agit de reconnaître notre lien consubstantiel avec la biosphère et d'aménager la nature. Il s'agit d'abandonner le rêve prométhéen de la maîtrise de l'Univers pour l'aspiration à la convivialité sur Terre.

Cela semble possible puisque nous sommes dans l'ère planétaire où toutes les parties sont devenues interdépendantes. Mais c'est la domination, la guerre, la destruction qui ont été les artisans principaux de l'ère planétaire. Nous sommes encore à l'âge de fer planétaire. Toutefois, dès le XIXᵉ siècle, le socialisme a lié la lutte contre les barbaries de domination et d'exploitation à l'ambition de faire de la Terre la grande Patrie humaine.

Mais la nouvelle pensée planétaire, qui prolonge l'internationalisme, doit rompre avec deux aspects capitaux de celui-ci : l'universalisme abstrait – « Les prolétaires n'ont pas de patrie » ; le révolutionnarisme abstrait – « Du passé faisons table rase ».

Il nous faut comprendre à quels besoins formidables et irréductibles correspond l'idée de

nation. Il nous faut non plus opposer l'universel aux patries, mais lier concentriquement nos
patries, familiales, régionales, nationales, européennes, et les intégrer dans l'univers concret
de la patrie terrienne. Il ne faut plus opposer
un futur radieux à un passé de servitudes et de
superstitions. Toutes les cultures ont leurs vertus, leurs expériences, leurs sagesses, en même
temps que leurs carences et leurs ignorances.
C'est en se ressourçant dans son passé qu'un
groupe humain trouve l'énergie pour affronter
son présent et préparer son futur. La recherche
d'un avenir meilleur doit être complémentaire
et non plus antagoniste des ressourcements dans
le passé. Le ressourcement dans le passé culturel est pour chacun une nécessité identitaire
profonde, mais cette identité n'est pas incom-
patible avec l'identité proprement humaine en
laquelle nous devons également nous ressourcer.
La patrie terrestre n'est pas abstraite, puisque
c'est d'elle qu'est issue l'humanité.

Le propre de ce qui est humain est l'*unitas
multiplex* : c'est l'unité génétique, cérébrale,
intellectuelle, affective d'*Homo sapiens-demens* qui
exprime ses virtualités innombrables à travers la
diversité des cultures. La diversité humaine est le
trésor de l'unité humaine, laquelle est le trésor
de la diversité humaine.

De même qu'il faut établir une communication

vivante et permanente entre passé, présent, futur, de même il faut établir une communication vivante et permanente entre les singularités culturelles, ethniques, nationales et l'univers concret d'une Terre-Patrie de tous.

Alors s'impose à nous l'impératif : civiliser la Terre, solidariser, confédérer l'humanité, tout en respectant les cultures et les patries.

Mais ici se dressent des formidables défis et menaces inconcevables au XIXe siècle. Le monde était alors livré aux anciennes barbaries qu'avait déchaînées l'histoire humaine : guerres, haines, cruautés, mépris, fanatismes religieux et nationaux. La science, la technique, l'industrie semblaient porter dans leur développement même l'élimination de ces vieilles barbaries et le triomphe de la civilisation.

D'où la foi assurée dans le progrès de l'humanité, en dépit de quelques accidents de parcours

Aujourd'hui, il apparaît de plus en plus clairement que les développements de la science, de la technique, de l'industrie sont ambivalents, sans qu'on puisse décider si le pire ou le meilleur d'elles l'emportera. Les prodigieuses élucidations qu'apporte la connaissance scientifique sont accompagnées par les régressions cognitives de la spécialisation qui empêche de percevoir le contextuel et le global. Les pouvoirs issus de la science sont non seulement bienfaisants, mais aussi destructeurs et manipulateurs. Le développement techno-économique, souhaité par et pour l'ensemble du monde, a révélé presque partout ses insuffisances et ses carences.

Et voici de formidables défis qui se posent en chaque société et pour l'humanité tout entière :

— l'insuffisance du développement techno-économique ;

— la marche accélérée et incontrôlée de la technoscience ;

— les développements hypertrophiés de la technobureaucratie ;

— les développements hypertrophiés de la marchandisation et de la monétarisation de toute chose ;

— les problèmes de plus en plus graves posés par l'urbanisation du monde.

Ce à quoi il faut ajouter :

— les dérèglements économiques et démographiques ;

— les régressions et piétinements démocratiques ;

— les dangers conjoints d'une homogénéisation civilisationnelle qui détruit les diversités culturelles et d'une balkanisation des ethnies qui rend impossible une civilisation humaine commune.

Ici se pose le problème de civilisation.

La politique de civilisation

En reprenant et en développant le projet de la Révolution française, concentré dans la devise trinitaire « Liberté, Égalité, Fraternité », le socialisme proposait une politique de civilisation, vouée à supprimer la barbarie des rapports humains : l'exploitation de l'homme par l'homme, l'arbitraire des pouvoirs, l'égocentrisme, l'ethnocentrisme, la cruauté, l'incompréhension. Il se vouait à une entreprise de solidarisation de la société, entreprise qui a eu certaines réussites par la voie étatique (*Welfare State*), mais qui n'a pu éviter la désolidarisation généralisée des relations entre individus et groupes dans la civilisation urbaine moderne.

Le socialisme s'était voué à la démocratisation de tout le tissu de la vie sociale ; sa version soviétique a supprimé toute démocratie et sa version sociale-démocrate n'a pu empêcher les régressions démocratiques qui pour des raisons diverses rongent de l'intérieur nos civilisations.

Mais, surtout, un problème de fond est posé par et pour ce qui semblait devoir apporter un progrès généralisé et continu de civilisation. Au-delà du malaise dans lequel, selon Freud, toute civilisation développe en elle les ferments de sa propre destruction, un nouveau malaise de civilisation s'est creusé. Il vient de la conjonction des développements urbains, techniques, bureaucratiques, industriels, capitalistes, individualistes de notre civilisation.

Le développement urbain n'a pas seulement apporté épanouissements individuels, libertés et loisirs, mais aussi l'atomisation consécutive à la perte des anciennes solidarités et la servitude de contraintes organisationnelles proprement modernes (le métro-boulot-dodo).

Le développement capitaliste a entraîné la marchandisation généralisée, y compris là où régnaient le don, le service gratuit, les biens communs non monétaires, détruisant ainsi de nombreux tissus de convivialité.

La technique a imposé, dans des secteurs de plus en plus étendus de la vie humaine, la logique de la machine artificielle qui est mécanique, déterministe, spécialisée, chronométrée. Le développement industriel apporte certes l'élévation des niveaux de vie, mais aussi des abaissements des qualités de vie, et les pollutions qu'il produit menacent la biosphère.

Ce développement qui semblait providentiel à

la fin du siècle passé comporte désormais deux menaces pour les sociétés et les êtres humains : l'une, extérieure, vient de la dégradation écologique des milieux de vie ; l'autre, intérieure, vient de la dégradation des qualités de vie. Le développement de la logique de la machine industrielle dans les entreprises, les bureaux, les loisirs, tend à répandre le standard et l'anonyme, et par là à détruire les convivialités.

L'essor des nouvelles techniques, notamment informatiques, provoque perturbations économiques et chômage, alors qu'il pourrait devenir libérateur à condition d'accompagner la mutation technique par une mutation sociale.

Dans ce contexte, la crise du progrès et les incertitudes du lendemain soit réduisent le vivre à un « au jour le jour », soit transforment les ressourcements en fondamentalismes ou nationalismes clos.

D'où les gigantesques problèmes de civilisation qui nécessiteraient mobilisation pour : humaniser la bureaucratie, humaniser la technique, défendre et développer les convivialités, développer les solidarités.

Tous ces défis, le défi anthropologique, le défi planétaire, le défi civilisationnel, se lient dans le grand défi que lance à notre fin de siècle, partout dans le monde, l'alliance des deux barbaries, l'ancienne barbarie venue des fonds des âges, plus virulente que jamais, et la nouvelle barbarie glacée, anonyme, mécanisée, quantifiante.

Aujourd'hui, la prise de conscience de la communauté de destin terrestre et de notre identité terrienne rejoint la prise de conscience des problèmes globaux et fondamentaux qui se posent à toute l'humanité.

Aujourd'hui, nous sommes dans l'ère damocléenne des menaces mortelles, avec des possibilités de destruction et d'autodestruction, y compris psychiques, qui, après le court répit des années 1989-1990, se sont aggravées de nouvelle manière.

La planète est en détresse : la crise du progrès affecte l'humanité entière, entraîne partout des ruptures, fait craquer les articulations, détermine les replis particularistes ; les guerres se rallument ; le monde perd la vision globale et le sens de l'intérêt général.

Civiliser la Terre, transformer l'espèce humaine en humanité, devient l'objectif fondamental et global de toute politique aspirant non seulement à un progrès, mais aussi à la survie de l'humanité.

Il est dérisoire que les socialistes, frappés de myopie, cherchent à « aggiornamenter », moderniser, social-démocratiser, alors que le monde, l'Europe, la France sont confrontés aux problèmes gigantesques de la fin des temps modernes.

Les redresseurs de l'espérance

Il s'agit de repenser, de reformuler en termes adéquats le développement humain – et ici encore en respectant et intégrant l'apport des cultures autres que l'occidentale.

Nous avons à prendre conscience de l'aventure folle qui nous entraîne vers la désintégration, et nous devons chercher à contrôler le processus afin de provoquer la mutation vitalement nécessaire.

Nous sommes dans un combat formidable entre solidarité et barbarie. Nous sommes dans une histoire instable et incertaine où rien n'est encore joué.

Sauver la planète menacée par notre développement économique. Réguler et contrôler le développement technique. Assurer un développement humain. Civiliser la Terre. Voilà qui prolonge et transforme l'ambition socialiste originelle. Voilà des perspectives grandioses aptes à mobiliser les énergies.

À nouveau, et en termes dramatiques, se pose la question : que peut-on espérer ?

Les processus majeurs conduisent à la

régression ou à la destruction. Mais celles-ci ne sont que probables. L'espérance est dans l'improbable, comme toujours dans les moments dramatiques de l'histoire où tous les grands événements positifs ont été improbables avant qu'ils adviennent : la victoire d'Athènes sur les Perses en 490-480 avant notre ère, d'où la naissance de la démocratie, la survie de la France sous Charles VII, l'effondrement de l'empire hitlérien en 1945, l'effondrement de l'empire stalinien en 1989.

L'espérance se fonde sur les possibilités humaines encore inexploitées et elle mise sur l'improbable. Ce n'est plus l'espérance apocalyptique de la lutte finale. C'est l'espérance courageuse de la lutte initiale : elle nécessite de restaurer une conception, une vision du monde, un savoir articulé, une éthique. Elle doit animer, non seulement un projet, mais une résistance préliminaire contre les forces gigantesques de barbarie qui se déchaînent. Ceux qui relèveront le défi viendront de divers horizons, peu importe sous quelle étiquette ils se rassembleront. Mais ils seront les porteurs contemporains des grandes aspirations historiques qui ont pendant un temps nourri le socialisme. Ce seront les redresseurs de l'espérance.

La médecine et les médecines

On a pu longtemps croire, dans notre monde occidental, qu'il n'y avait qu'une seule médecine : celle qui est enseignée dans les facultés, celle qui est pratiquée par les généralistes ou spécialistes issus de ces facultés, celle qui est pratiquée dans les hôpitaux. Cette médecine occidentale s'est répandue sur toute la planète, hégémonique et triomphante, et tout ce qui n'était pas elle était considéré comme superstition, comme signe d'arriération, à liquider au plus vite.

Pluralité des médecines

Pourtant, il y avait d'autres médecines. Elles existaient partout, y compris dans les sociétés occidentales, non seulement avec l'homéopathie, mais aussi notamment une médecine de grand-mère, *una medicina della nonna,* parce que les femmes se transmettaient des recettes d'herbes, de certains végétaux ou de produits d'animaux pour soigner et pour guérir. Dans notre société subsistent des guérisseurs qui utilisent des moyens extrêmement étrangers à la médecine officielle. De plus en plus de nouvelles thérapies naissent, tandis que l'acupuncture s'introduit, y compris dans la médecine officielle. Enfin sont arrivés et se sont installés en France des marabouts d'origine africaine qui s'occupent, notamment, de traiter des maladies et des affections.

Et puis il y a différents courants à côté de la médecine « normale ». L'homéothérapie, qui déjà date de plus d'un siècle, est condamnée et persiste pourtant. De nouveaux courants médicaux, des inventions et des innovations thérapeutiques sont utilisés en marge de la médecine officielle. Il y a des symbioses entre médecine occidentale et médecine traditionnelle chinoise.

Toutes les civilisations importantes qui ont traversé les siècles ont leur propre médecine. Et ces médecines traditionnelles ne sont pas mortes. La Chine a une expérience multimillénaire des traitements médicaux, sa médecine ne se réduit pas seulement à l'acupuncture. L'Inde possède aussi une grande tradition médicale. Et puis il faut rappeler que les sociétés les plus archaïques ont certaines connaissances médicales pertinentes. Il est tout à fait stupéfiant de penser que des peuples de l'Amazonie connaissent les vertus et les caractères venimeux de plantes innombrables. Et aussi de penser qu'il y a un type de médecine chamanique, c'est-à-dire qui est pratiqué par des chamans, qui utilisent des boissons particulières, comme l'ayahuasca ou autres, pour entrer en transe et, dans cet état, provoquer des guérisons.

Cette grande pluralité de traditions médicales est méprisée comme autant de superstitions. Pourtant, les grands trusts pharmaceutiques commencent à utiliser les connaissances des peuples indiens d'Amazonie. Seulement ils n'utilisent pas directement les plantes, mais ils en prennent la substance active et la transforment en produit chimique.

Il faut partir de la conscience d'une pluralité et d'une diversité, et il faut reconnaître que cette diversité est une richesse potentielle extraordinaire pour l'espèce humaine.

Ainsi les Indiens Pueblos, au Mexique, se nourrissaient-ils exclusivement de maïs. Chaque village le cuisait d'une manière différente, à la chaux ou avec l'écorce d'un arbre. Les anthropologues attribuaient ces méthodes différentes à des croyances magiques. Jusqu'à ce qu'un bioanthropologue analyse la chaux et l'écorce et conclue qu'elles permettaient à la lysine, c'est-à-dire au principal produit nourricier du maïs, d'être intégré par l'organisme. Ces populations auraient dépéri si elles s'étaient bornées à cuire leur nourriture unique dans l'eau.

La tragédie, c'est qu'il y a non-communication entre ces médecines. Principalement parce que la médecine occidentale exclut ce qui lui est étranger. Autrement dit, c'est le sentiment de sa suprématie et de sa valeur unique qui rend la communication difficile.

Ce que peut la médecine occidentale

Cela signifie-t-il qu'il faut déprécier la médecine occidentale moderne liée au développement des connaissances biologiques et de techniques multiples de plus en plus sophistiquées ? Absolument pas. Il faut considérer les progrès extraordinaires dans les remèdes apportés aux différentes infections. Par exemple, les antibiotiques et les remèdes ou vaccins pour lutter contre les virus. Mais, ici, je dois faire une petite parenthèse.

Dans les années 1960 naquit la conviction, chez les médecins, dans les médias et le monde occidental, que l'on était en train de liquider à jamais les bactéries et les virus. Les antibiotiques massacraient les différentes bactéries, et la tuberculose semblait un résidu du passé. Cette croyance s'est aujourd'hui désintégrée. Parce que nous avons assisté à l'apparition de virus inconnus, comme celui du sida ou du Covid-19. D'autre part, se sont manifestées des bactéries résistantes aux antibiotiques, et leur lieu de prolifération privilégié a été les hôpitaux. La victoire finale de la médecine sur le monde des infections et des agresseurs extérieurs doit être reportée *sine die*.

De même, notons les progrès extraordinaires dans la chirurgie. Aujourd'hui, nous pouvons changer de foie ou de cœur et bientôt seront produits des cœurs artificiels. Notons aussi la découverte dans les organismes humains adultes de cellules souches, c'est-à-dire de cellules typiques des embryons qui sont capables de produire toutes sortes de cellules. On les appelle « totipotentes » ou « polyvalentes », parce qu'elles sont capables de fabriquer un cœur, un foie, des neurones, etc. Ces cellules souches promettent un allongement de la vie et une vieillesse qui ne soit pas dégénérescence. Cela pour dire qu'on ne va pas nier ici les progrès multiples de la médecine occidentale, mais il faut reconnaître aussi les limites et les faiblesses qui se manifestent à l'intérieur des progrès mêmes.

Louis Pasteur a découvert que certaines

pathologies étaient le produit de l'attaque de l'organisme par des microbes, c'est-à-dire des bactéries. À sa suite, on a détecté d'innombrables microbes, responsables de la syphilis, de la tuberculose, etc., ainsi que mis au point les vaccins contre ces microbes. Quelle est la faiblesse de cette médecine ? C'est qu'elle s'est principalement focalisée sur le fait que les maladies étaient le produit d'attaques d'ennemis extérieurs. Incontestablement, des microbes arrivent de l'extérieur. Mais il peut aussi y avoir une défaillance du système immunitaire : si l'ennemi extérieur pénètre dans la forteresse, c'est qu'à l'intérieur il y a des complices ou du moins des faiblesses qui lui permettent d'entrer. C'est donc une erreur ou une carence de se fixer uniquement sur l'extérieur, parce qu'il faut aussi rechercher profondément les causes intérieures. Cette évolution est en cours dans la médecine occidentale même.

Le rôle de l'esprit

Une autre erreur de la médecine occidentale fut sa concentration trop exclusive sur l'organisme, c'est-à-dire tout ce qui est corps et relève de la physiologie, en oubliant le rôle éventuel du psychisme. La focalisation sur l'organisme est liée à la disjonction corps-esprit propre à notre culture. La spécialisation fait progresser les connaissances, mais elle tend aussi à enfermer la maladie dans un seul organe. Ainsi, elle traite le foie avec des produits qui peuvent altérer éventuellement les reins, ou traite les reins avec des produits qui peuvent altérer le foie. On a trop longtemps sous-estimé les interrelations entre les organes, comme entre les parties et le tout.

Ce qui est ignoré, quand on concentre la thérapie sur l'organisme, c'est le rôle de l'esprit. Je note qu'en français il y a un seul mot pour dire ce qui, en d'autres langues, se dit avec deux mots. En italien, on dit « *mente e spirito* ». En anglais, « *mind and spirit* ». En français, je dis « esprit », mais ici je veux dire *mente, mind*. C'est le rôle de la *mente* qui est souvent oublié. C'est vrai, une médecine psychosomatique est apparue, mais elle reste marginale, et les gros bataillons de la médecine occidentale se concentrent sur le corps. On pense que c'est le corps qui agit sur l'esprit et le rend dépressif, mais on omet souvent que l'esprit puisse lui-même agir sur le corps, pour le mal autant que pour le bien. Pour le mal, par exemple, quand l'esprit est déprimé à la suite d'un deuil, d'un chagrin, d'un obstacle insurmontable, les défenses immunologiques sont affaiblies. Pour le bien, quand l'esprit est actif, vigoureux, il aide à lutter contre la maladie, comme c'est le cas pour les malades qui veulent vivre et augmentent ainsi leurs chances de salut.

L'hyperspécialisation en question

Autre écueil de la médecine occidentale, l'hyperspécialisation, qui peut tendre au cloisonnement, à la séparation. Nous avons de grands spécialistes, très compétents sur le foie, sur le cœur et ainsi de suite, mais il y a peu de communication entre eux. C'est ainsi que l'on assiste à un renversement de hiérarchie. Dans un orchestre symphonique, c'est le chef d'orchestre qui dirige les musiciens, les contrôle et les connaît. Dans le domaine de la médecine, celui qui devrait être le chef d'orchestre, c'est-à-dire le médecin généraliste, est réduit au plus bas rang, c'est le « petit médecin ». Pourtant, le médecin de campagne, du temps où il y avait une civilisation rurale, était aussi un psychosociologue. Il connaissait la famille, les caractères des gens. Il ne soignait pas seulement tel ou tel organe, il intervenait aussi dans la vie des patients, et de leurs proches. Mais on voit ce médecin disparaître, remplacé par le médecin généraliste urbain, qui, souvent déconsidéré, reçoit les malades très rapidement et n'a pas le temps de connaître leur biographie.

J'ajoute que le caractère surtout analytique et réducteur de la médecine occidentale fait problème, qui a privilégié les molécules chimiques. Ces molécules ont parfois une origine végétale. Le plus bel exemple est l'aspirine : l'acide acétyl-salicylique vient de l'arbre qu'on appelle le saule et il est maintenant fabriqué industriellement. L'aspirine a de grandes vertus, qu'on a découvertes grâce au saule. Mais la pensée médicale ne s'est intéressée qu'au principe actif et à sa vertu thérapeutique, sans penser que l'ensemble complexe de la plante peut renforcer la vertu de la molécule qui en est extraite.

De surcroît, nous sommes dans une écologie, sur une planète avec une biosphère, et nous sommes constitués d'eau à soixante-cinq pour cent. Nous sommes faits d'éléments et de molécules, nous respirons l'air. Nous retrouvons alors cette idée des anciennes médecines traditionnelles qui donnaient une importance à l'eau, au ciel, à la terre, à l'air. Nous sommes reliés au cosmos, que nous le voulions ou non. Nous sommes le fruit d'une aventure qui a commencé par l'Univers, nous intégrons des particules nées lors de ses premières secondes, et l'atome de carbone qui s'est créé dans un soleil antérieur au nôtre. Nous portons en nous tout l'héritage de la vie, nous sommes une partie du cosmos.

Il s'agit donc de reconstituer la totalité

complexe à l'intérieur de laquelle nous existons, vivons, souffrons, sommes heureux, sommes malheureux. Cette critique de l'hyperspécialisation ne doit pas faire oublier que l'apport des spécialistes est nécessaire à la vision complexe. Il faut cesser d'ignorer les différentes médecines, il faut les intégrer dans l'enseignement. Mais, pour cela, il faudrait connaître leurs vertus et leurs défauts.

Le médecin et son patient

Peut-être aussi faut-il s'interroger sur le médecin. Il a également une efficacité presque magique et charismatique. Elle tient au fait que le patient est ignorant et que le médecin, même le plus petit médecin de quartier, ressuscite en lui un pouvoir guérisseur. Quand il fait ses ordonnances, elles sont illisibles, et ce caractère illisible a une vertu ésotérique. On peut dire qu'une partie de la guérison vient de la confiance. Le placebo, c'est quoi ? C'est l'effet produit sur le patient par la confiance dans ce qu'il croit être des médicaments, et cette confiance, dans beaucoup de cas, va contribuer à sa guérison.

Néanmoins, il faut favoriser le dialogue entre le patient et le médecin. La coopération est la prise de conscience par les patients de ce qui se passe quand ils sont en traitement. Je crois qu'il y aura là un progrès. Perte de la magie et progrès de la conscience : je pense que c'est la voie.

Vers une médecine planétaire

Léopold Senghor disait que la civilisation planétaire devrait être celle du donner et du recevoir, alors que la vision dominante, dans nos pays occidentaux, c'est que nous avons des leçons à donner, que nous détenons la vérité et n'avons rien à recevoir, du point de vue des connaissances, de ce monde longtemps appelé « sous-développé », donc inférieur cognitivement.

Ce que Senghor dit pour la culture vaut aussi pour la médecine. Toute culture a ses savoirs, ses savoir-faire, ses arts de vivre et aussi ses erreurs, ses illusions, ses superstitions. Nous, Occidentaux, avons beaucoup à apprendre en même temps que nous avons à enseigner ; c'est ça qui doit nous conduire vers les symbioses pour une médecine planétaire.

Nous perdrons le point de vue souverain, mais nous gagnerons le point de vue humain. Nous aurons à abandonner deux types d'arrogance ; l'arrogance occidentalo-centrique, qui pense que nous sommes sur le trône solaire, détenteurs de toutes les vérités, et l'arrogance savante, qui

croit que la science officielle est la seule exis-
tante et que le reste est vanité et superstition.

Pour aller dans cette direction, il faut avoir la
capacité de relier, il faut avoir les instruments
conceptuels pour relier, et c'est précisément
le travail que j'ai voulu faire. Mon travail s'appelle « la méthode » afin de pouvoir articuler les
connaissances les unes aux autres. Cela nécessite
une réforme de l'éducation et une réforme de
la pensée.

Les leçons de la pandémie

La crise mondiale du Covid mériterait des
développements qu'il est trop tôt pour faire, les
données étant encore insuffisantes et controver-
sées. Elle a déjà révélé le pouvoir des grandes
firmes pharmaceutiques sur les décisions prises
par les autorités médicales et gouvernementales
dans de très nombreux pays.

On peut néanmoins déjà se demander si,
pendant un an, la seule recherche d'un vaccin
anti-Covid n'a pas empêché celle de remèdes à
la maladie. On peut également se demander si
le privilège des infectiologues se fondant sur des
statistiques, par rapport aux médecins traitants
connaissant concrètement leurs patients, était
justifié. Comme nous ne disposons aujourd'hui

que de données contradictoires et incertaines, toute synthèse pertinente semble prématurée. Mais la pandémie a semble-t-il encore favorisé la compartimentation, la spécialisation close et le quantitatif.

Nous sommes au début d'un processus profondément civilisationnel et la médecine, justement parce qu'elle touche la partie la plus intime de chacun, c'est-à-dire sa santé, sa vie, sa mort, est au cœur de nos problèmes existentiels. C'est pourquoi je pense que si nous progressions vers cette symbiose planétaire, nous améliorerions notre compréhension des autres, de leurs souffrances, de leurs peurs, de leurs angoisses, de leurs amours, de leur bonheur.

Sur la dégradation
de notre alimentation

Un lien indéfectible unit des problèmes qu'en général on considère comme séparés les uns des autres. Notre alimentation en est un bon exemple.

Elle souffre des énormes dégradations écologiques provoquées par l'agriculture industrielle. Nous ne pouvons rebasculer d'un seul coup de l'agriculture et de l'élevage industriels, gouvernés par le profit, à l'agriculture et à l'élevage agroécologiques fermiers. La désindustrialisation de notre alimentation serait progressive. La situation ne peut néanmoins s'améliorer sans décision politique forte.

Cette politique nécessite une vision économique nouvelle qui ne soit plus dominée par la recherche insensée du profit à tout prix, mais bien plutôt par les nécessités humaines et vitales. Cela exige aussi sur le plan économique que l'État détermine ce qui doit décroître dans l'économie, ce qui est effectivement nécessaire, mais aussi ce qui doit croître. Ce qui doit croître, c'est l'utile et le propre ; ce qui doit décroître, c'est l'inutile et le malsain.

Or la nourriture industrielle dépend de produits nocifs à plusieurs niveaux : pollution des sols par les engrais et pesticides, OGM, standardisation des fruits et légumes, pollution de l'air et des aliments eux-mêmes par l'usage de conservateurs dans le but de faire perdurer la commercialisation des produits.

La dégradation de la biosphère est en même temps une dégradation de l'atmosphère de nos villes et de nos campagnes. Ces dégradations, ces déchets industriels, tout ce qui met en péril la santé publique a la même origine : le déchaînement incontrôlé des forces techniques et économiques de la recherche du profit.

Les meilleurs économistes ont montré que le PIB comme mesure ultime est une base artificielle. Il compte par exemple positivement toutes les dépenses liées à la réparation des désastres écologiques. Il est incapable de rendre compte de l'aspect vital des besoins des êtres humains.

Nous avons besoin que nos politiques prennent en compte le qualitatif, l'humain, la qualité de vie. Le but de la politique n'est pas la croissance permanente, le quantitatif à tout prix.

Donc la question de l'alimentation ne peut pas

être isolée d'une politique d'ensemble, laquelle ne peut pas être isolée d'une pensée d'ensemble qui soit à la fois capable de faire un diagnostic historique sur notre époque, sur son évolution, et de proposer les voies nouvelles, pour aller contre tous les phénomènes de régression.

Pour une politique de la ville
et de la campagne[1]

La réflexion sur le devenir de l'humanité au cours du XXIe siècle ne peut se passer d'une considération du phénomène généralisé d'urbanisation qui, d'après les prévisions actuelles, concernera soixante-dix pour cent de la population mondiale en 2050. L'urbanisation a pour conséquence évidente une désertification des campagnes, mais aussi le développement d'une agriculture et d'un élevage industrialisés, massifs et extensifs, dont on peut déjà mesurer les conséquences nocives sur la santé humaine. Ainsi le grand problème de l'urbanisation généralisée est-il inséparable du problème des campagnes, car c'est bien le monde rural qui nourrit les villes.

Comment imaginer qu'un monde rural extrêmement rétréci démographiquement pourrait

---

1. Texte écrit avec la collaboration de mon épouse, Sabah Abouessalam, sociologue et urbaniste.

nourrir l'énorme masse urbaine ? L'urbanisation, c'est l'agrandissement des villes, mais aussi la création de rubans urbains longs de centaines de kilomètres, de cités, de faubourgs, de banlieues, de ghettos, de bidonvilles. Le processus crée aussi de nouveaux types de villes géantes, comptant plusieurs dizaines de millions d'habitants.

Les problèmes urbains que nous connaissons déjà vont s'amplifier, notamment la gestion des déchets et les transports. Beaucoup de mégapoles ne possèdent pas de réseau de transports publics non polluant et efficace. Elles sont asphyxiées par l'usage abusif d'automobiles privées. Il s'ensuit des problèmes de santé publique liés à la pollution de l'air par des particules toxiques, à la pollution sonore, aux stress multiples d'une vie urbaine déshumanisée.

Remettre l'humain au cœur de la ville

La ville a subi un grand nombre d'évolutions au cours des cinq derniers millénaires, et il ne fait pas de doute que de nouveaux changements interviendront. Mais les innovations qui se font urgentes ne consistent pas à augmenter et à perfectionner l'équipement physique, et moins encore à multiplier les inventions électroniques automatiques qui contribueront à accroître

l'automatisation des comportements et l'anonymat dans les grandes villes. En revanche, il
serait fructueux de remettre les intérêts humains
au cœur de la pensée de la ville, avec une nouvelle attention aux processus cosmiques et écologiques qui touchent tous les êtres. Nous devons
rendre à la ville toutes les fonctions maternelles
et protectrices de la vie (assistance et secours),
les activités autonomes et les associations symbio-
tiques qui depuis longtemps ont été négligées,
voire supprimées. Car la ville doit être une ins-
titution d'amour, et la meilleure économie des
villes consiste à cultiver les solidarités.

Ici s'impose une réflexion « écologisée »
dont le besoin s'est manifesté depuis quelques
décennies. Il s'agit de penser une ville écologique dont les sources d'énergie seraient non
polluantes, privilégiant le transport collectif et
public, construisant d'amples zones piétonnes
urbaines. Il pourrait y avoir aussi des écoquar-
tiers et, comme dans les projets de villes en
transition, des maraîchages, soit sur les toits des
immeubles, soit dans les jardins publics. Je ne
dirais pas comme l'humoriste que, pour éviter
les défauts des villes, il faudrait « mettre les villes
à la campagne », mais je dirais que, aujourd'hui,
il nous faut mettre de la campagne dans les villes.

Tout cela est néanmoins insuffisant. Supposons
qu'il y ait un tissu de maraîchage à l'intérieur,

voire à l'extérieur des mégapoles, cela ne suffirait pas à les nourrir.

En même temps, le problème de l'humanisation des villes se pose, car la tendance actuelle est à la ségrégation, à l'isolement des individus suivant leurs catégories socio-économiques et culturelles, mais aussi selon leurs origines ethniques, alors que, dans certaines cités anciennes, la diversité de population logée dans les mêmes quartiers maintenait une mixité sociale.

La polarisation s'accroît entre les quartiers riches, protégés par des milices privées, et les quartiers pauvres, situés parfois au centre des villes comme à San Diego ou dans des poches périphériques comme à Rio de Janeiro ou à Medellín. L'on y trouve en concentré tous les problèmes vitaux et mortels de la dégradation urbaine (manque d'eau potable et de traitement des eaux usagées, chômage, délinquance, marginalité). S'y concentrent des populations rejetées par la ville embourgeoisée, qui deviennent à leur tour des bouillons d'exclusion.

La marginalisation et l'exclusion conduisent à la désintégration des liens sociaux et à la misère urbaine. À cela s'ajoutent les effets pervers liés aux déplacements pendulaires ainsi qu'une dynamique de compétitivité globalisée qui enrichit les riches et appauvrit les pauvres.

Ces derniers voient leur qualité de vie et

d'alimentation se dégrader rapidement. Nous savons aujourd'hui que les aliments moins onéreux issus de l'agriculture industrialisée et massive sont de faible qualité nutritive et gustative, standardisés et porteurs de résidus chimiques dangereux en provenance des pesticides et des antibiotiques utilisés pour cultiver des millions d'hectares céréaliers ou élever des millions de volailles, bovins et porcins. Quand on ajoute à cela que les produits de l'agriculture industrielle sont ensuite conditionnés pour le transport et la conservation nécessaires à la mise en circulation pour des millions de personnes dans les mégapoles, et que pour ce conditionnement il faut également utiliser des produits chimiques de conservation, voire de coloration artificielle, la boucle semble alors bouclée : les méfaits de l'agriculture et de l'élevage industrialisés provoquent les méfaits de la consommation alimentaire urbaine, méfaits qui s'entretiennent les uns les autres. Tout cela veut donc dire que l'on ne peut aujourd'hui penser une politique urbaine sans penser une politique rurale. L'une est intrinsèquement liée à l'autre.

Freiner l'exode rural

La question fondamentale est alors de savoir si l'on peut inverser le cours des choses dans

un temps raisonnable, pour éviter la désertification démographique et la dégradation des
campagnes ainsi que l'hypertrophie des villes.
Je pense que cela est possible. Paris indique déjà
que les flux centrifuges sont devenus plus importants que les flux centripètes.

De plus en plus de jeunes gens, convaincus des
vertus de l'agroécologie, autrement dit des bien-
faits de la nourriture biologique, du maraîchage
et de l'élevage fermier, s'installent à la campagne dans différentes régions de France, par
exemple. L'on a également un grand nombre de
retraités qui préfèrent quitter la grande ville et
s'installer à la campagne, où ils peuvent trouver
des logements moins onéreux, un rythme de vie
moins stressant et exercer des activités de maraîchage ou de jardinage. Par ailleurs, l'évolution
des conditions de travail dans les entreprises permet, avec l'extension du télétravail, qu'un grand
nombre de travailleurs puisse à la fois vivre et
travailler à la campagne. On trouve donc des
contre-tendances, certes encore minoritaires et
faibles, mais qui peuvent, à notre avis, se renforcer et qu'il faudrait encourager et aider.

En France, ce qui bloque un retour à l'agriculture et à l'élevage fermiers, ce qui empêche
le développement de l'agroécologie comme de
l'agroforesterie qui permet le retour au développement d'arbres très nourriciers (châtaigniers,

noisetiers), ce sont les subventions massives aux grandes exploitations industrialisées. Cette situation entraîne un effet pervers, puisque le surplus de blé français est exporté en Afrique à bas prix. Ayant bénéficié des subventions d'État, le blé européen est moins cher que le blé local. Et ce blé des multinationales étouffe le développement d'une agriculture vivrière autochtone.

Il faut ajouter à cela un phénomène récent d'une extrême perversité et malfaisance. De grands capitaux, en provenance de Chine, des États-Unis ou d'Europe, se concentrent maintenant dans l'achat ou la location d'énormes étendues de terre dans les pays du Sud, notamment en Afrique (souvent les terroirs les plus fertiles), avec la complicité des administrations plus ou moins corrompues des États de ces régions. Ces terres sont utilisées pour de l'agriculture ou de l'élevage industrialisés, destinés à l'exportation. Ce phénomène augmente la difficulté pour les États d'avoir une politique agricole et donc rurale, et donc urbaine, raisonnée et complémentaire, privilégiant le développement local et diversifié des produits, et tenant compte des cultures et des traditions des pays. Ce qui accroît l'exode rural vers les bidonvilles, le gigantisme urbain, la misère. N'oublions pas que le monde du Nord, via l'exploitation économique, accroît la désertification rurale du Sud, le gigantisme urbain du Sud, la dépendance vivrière du Sud.

Pour une double régénérescence

Cette dépendance réciproque entre monde urbain et monde rural s'est complexifiée jusqu'à un point critique, voire nocif, qui appelle à une nécessaire double régénération : une régénération de la vie rurale, une régénération de la vie urbaine.

En ce qui concerne la question de la ville, le capital financier et son corollaire, la spéculation financière, sont des facteurs aggravants. Quelle place doit occuper la finance dans un capitalisme globalisé ? Comment faire en sorte que la spéculation ne vienne pas provoquer une altération et une dégradation du vivre urbain et rural ?

La spéculation financière sur les produits céréaliers est dangereuse. On assiste à des situations aberrantes où les produits sont retenus, au détriment de la sécurité alimentaire des populations (celles évidemment des pays les plus démunis ou des régions ayant subi des catastrophes naturelles), afin d'augmenter les bénéfices par la spéculation et le jeu de la rareté. La finance se joint à la spéculation pour profiter, de façon ignoble, des pays les plus pauvres.

Il y a donc deux problèmes qu'il faut aborder avec les articulations d'une pensée complexe : la gouvernance urbaine et la gouvernance rurale, intrinsèquement liées, nécessitent une politique d'ensemble pour l'humanité. C'est ce qu'il faut concevoir dès aujourd'hui pour l'élaborer au plus tôt. L'histoire de la plupart des villes modernes est liée à une dynamique de création anarchique très intéressante (hormis les villes fortifiées). Du reste, cette anarchie avait une valeur esthétique dans sa dimension poétique ou créatrice. Aujourd'hui, l'anarchie relève de la spéculation immobilière qui recherche le profit maximum sans tenir compte des vrais besoins des habitants.

Je souligne que la spéculation immobilière a provoqué la destruction des liens sociaux et des tissus naturels de solidarité urbains dans des quartiers anciens où les échanges humains entre voisins, acheteurs, commerçants et cafetiers constituaient un creuset de convivialité. La qualité des logements suburbains fut également dégradée par la spéculation immobilière, qui a mené à une architecture uniforme et industrialisée de grands ensembles à la périphérie des villes.

Même les plus grands architectes de l'histoire urbaine s'y sont fourvoyés. Le Corbusier a été le promoteur de ce qu'il appela une « cité radieuse », c'est-à-dire un grand immeuble comprenant tous les services de la ville, comprenant même une « rue intérieure » interétage avec boutiques et restaurants, ainsi qu'une école et des aires de jeux sur le toit de l'immeuble. Mais qu'est-ce que Le Corbusier n'a pas compris – ni son génial disciple Niemeyer en construisant Brasilia ? C'est qu'une ville a besoin de rues ! Et les rues ont besoin de cafés, de commerces, notamment de petits commerces qui génèrent de la convivialité. Le supermarché est le règne de l'anonymat. L'on peut y faire ses courses sans adresser une seule fois la parole à quelqu'un, sauf pour se plaindre s'il manque un produit. On trouve à Brasilia d'énormes ensembles architecturaux, de grands espaces verts, d'immenses avenues, mais pas de vie piétonne et conviviale. La vie urbaine s'est réfugiée à la périphérie. La seule réussite architecturale de Niemeyer se trouve dans les bâtiments publics, mais une sorte de froid lunaire les entoure en plein pays du Sud équatorial.

Il faut donc penser *rue* quand on pense *ville*. Il n'y a pas que les espaces verts dans une ville, il faut le bouillonnement de la rue, sa dimension piétonnière, badaude, commerçante, clés basiques pour un tissu vital urbain. Partout où l'on a réussi à faire une politique urbaine fondée sur la revitalisation des centres-villes, la vie sociale urbaine renaît et les relations humaines se reconstituent. Il faut rétablir la convivialité urbaine. L'exemple de Paris qui récupère l'été les quais de la Seine pour en faire des plages, des aires de jeux et de pique-nique est en cela intéressant.

La courtoisie et la convivialité ne sont pas des épiphénomènes psychosociaux dans la vie des individus. Ils portent en eux la reconnaissance de l'altérité, de la personnalité d'autrui. « Bonjour, bonsoir, monsieur, madame », cela veut dire que l'autre existe. Le besoin de reconnaissance et de respect est un des besoins fondamentaux de l'être humain et la pierre angulaire de la convivialité urbaine.

Humaniser les villes

L'humanisation des villes passe par une nouvelle gouvernance urbaine. À présent, les plans d'urbanisation sont conditionnés aux rapports de force et d'intérêts de la spéculation immobilière, qui a besoin uniquement de quelques autorisations, souvent obtenues moyennant commissions, selon le degré de corruption des administrations. La complexité des problèmes urbains englobe toutes les dimensions de la vie humaine, personnelle, économique, démographique, sociale, etc.

Il faudrait donc promouvoir une nouvelle gouvernance urbaine, inclusive et participative, qui compterait des autorités municipales et nationales élues, des professions qualifiées (architectes, urbanistes, sociologues, psychologues, etc.), un échantillon de la diversité d'âge, de genre et de profession des populations, y compris les sans-travail. Ces nouveaux conseils de gouvernance urbaine penseraient leur ville et élaboreraient une « bonne » gouvernance.

La Ville comme catégorie de pensée globale commence enfin à être conçue dans sa complexité (voir notamment les travaux de Thierry Paquot), car il faut croiser les objets et les catégories de différentes disciplines répondant à l'étude des facteurs démographiques, politiques, humains, psychologiques, sociologiques, économiques, des loisirs, d'éducation, des confessions diverses, car tout est mêlé dans la ville.

Ville lumière et ville tentaculaire

Au XIXe siècle, deux notions principales caractérisaient le monde urbain : la ville lumière et la ville tentaculaire. La ville lumière était celle qui attirait les paysans qui vivaient en circuit clos et sans les loisirs des grandes villes (café, théâtres, etc.). Pour les ruraux, vivre en ville, c'était d'abord la liberté et la fin du regard scrutateur des voisins. La ville permettait aux jeunes des campagnes d'échapper à un avenir similaire à celui de leurs parents. Plus de liberté, plus de loisirs culturels, plus de rencontres, et une promesse d'oisiveté dominicale car, à la campagne, même le dimanche, il fallait nourrir les bêtes. Les paysans arrivés en ville se sont regroupés par origine régionale, comme les Bretons à Montparnasse. Dans les immeubles conviviaux à la socialité populaire, l'on pouvait échanger le sel, le beurre, l'eau de Javel avec ses voisins, avoir crédit dans les petites boutiques.

Opposée à cette ville-liberté-loisir, la ville tentaculaire est celle de l'anonymat, de la solitude, du malheur, où la solidarité familiale diminue en même temps que le nombre de parents. Les vieillards sont parqués dans des maisons de retraite et considérés comme inutiles et encombrants. S'y multiplient les situations de détresse humaine et de solitude. C'est pourquoi j'avais proposé il y a longtemps la création de « maisons de la solidarité » dans les quartiers difficiles des grandes villes ou des villes moyennes. Car je pense qu'il y a des besoins humains qui ne sont pas satisfaits par la police secours ou par les hôpitaux. Il y a également des populations fragiles et exposées, comme les toxicomanes. Je pense aussi que les autorités politiques devraient créer un service civique de solidarité, afin de réintroduire celle-ci au sein de la vie urbaine. Je me rappelle que du temps de mon enfance, dans le quartier de Ménilmontant, à Paris, les voisins se parlaient sans cesse, s'invitaient aux fêtes, se dépannaient lorsqu'il manquait quelque chose. Enfin, il y avait une solidarité simple. L'immeuble, la rue, le quartier étaient des lieux d'échanges constants et de convivialité.

Il y a quelques années, j'ai été frappé par un documentaire tourné dans les rues de Bogota. Une caméra cachée filmait un homme étendu sur le trottoir. On ne savait pas s'il dormait ou s'il était mort. Aucun passant ne s'arrêtait. Je me disais : « Tiens ! Ce n'est pas à Paris que viendront ces mœurs-là. » Or, c'est ce que l'on voit aujourd'hui à Paris, sans que personne s'en émeuve. Les passants pensent que c'est à la police de secourir le malheureux à terre. La crise de la solidarité qui se généralise est une crise éthique.

Aussi faudrait-il revenir aux deux sources fondamentales de l'éthique, qui sont la *solidarité* et la *responsabilité*. Pourquoi ces sources se sont-elles dégradées dans la civilisation urbaine, de nos jours, et un peu moins dans la campagne villageoise ? Elles se sont dégradées parce que l'individualisme, qui a des vertus incontestables, notamment dans l'autonomie que l'on acquiert, a aussi ses vices, chacun perdant sa solidarité avec l'ensemble dont sa personne fait partie. On le voit dans l'administration quand nul ne se sent responsable d'autre chose que de son petit secteur.

Pour une politique de civilisation urbaine

Penser la résurrection de la responsabilité générale nécessite une prise de conscience, qui passe évidemment par l'éducation. Car il ne suffit pas d'introduire dans la politique urbaine l'enseignement d'une morale civique abstraite. Cela ne suffit pas pour le bien-vivre ensemble, pour être un bon citoyen et pour faire le bien. Il faut analyser les problèmes concrets de dégradation urbaine et humaine, qui nécessitent ce que j'ai appelé une « politique de civilisation ». Autrement dit, une politique qui connaît les aspects négatifs du progrès, de la technique, de la civilisation contemporaine, et qui met en place des dispositifs pour conserver les aspects positifs de cette civilisation. Il faut une « politique de civilisation urbaine ». J'ajoute que la politique de civilisation et la gouvernance de la complexité urbaine doivent être reliées à une politique générale.

Il faut abandonner les dogmes régnants du néolibéralisme, de la compétitivité aveugle et exacerbée, du développement par la croissance exponentielle. Nous avons besoin d'une pensée capable de concevoir la croissance et la décroissance en même temps. Il faut pouvoir conjuguer les idées de développement et d'enveloppement, car il ne s'agit pas de faire du développement quantitatif et technologique, il faut aussi des enveloppements, des relations humaines qualitatives, familiales, communales, qui retrouvent les liens de solidarité. La notion de « grande famille » existe encore dans certaines sociétés urbaines des pays du Sud, qui résistent à la misère dans la solidarité et la dignité. Alors que là où sont brisés ces réseaux et tissus sociaux, par les guerres ou les grandes catastrophes, c'est la dégradation, la misère, la délinquance[1].

Dans ces pays, au-delà des similitudes qui leur sont propres (pauvreté du grand nombre, forte présence de l'économie informelle, forte croissance rapide, corruption, clientélisme, etc.), la pauvreté urbaine et suburbaine s'organise différemment selon qu'on se trouve à Lima, Mexico, Dakar ou Casablanca. Souvent, les solidarités représentent de vrais filets sociaux en l'absence

---

1. Voir les travaux de Sabah Abouessalam sur la pauvreté urbaine dans les pays du Sud.

de l'État, et cela fait beaucoup de différence dans la réalité du vécu de la pauvreté avec les sociétés où ces formes de solidarité n'existent pas et où le pauvre est livré à son sort. L'absence de solidarité aggrave les violences urbaines.

Penser global

La crise urbaine planétaire nous conduit à la nécessité de penser la nouvelle voie pour le salut de l'humanité. Voilà la question : la voie pour l'humanité est celle d'une pensée globale. J'ai essayé de l'indiquer dans mon livre qui porte justement pour titre *La Voie*[1]. Il s'agit de relier toutes les initiatives créatives diverses, dispersées sur la planète, pour créer un véritable faisceau à partir duquel penser une politique de civilisation au service de la question urbaine mondiale.

Des initiatives ont fleuri partout dans le monde, comme à Porto Alegre au Brésil ou à Medellín en Colombie, où la population décide comment employer une partie du budget de la ville. Il faut faciliter partout les expérimentations des formes de démocratie participative citoyenne. Je dis bien « expérimenter », car cela n'est pas non plus une formule magique.

1. Fayard, 2011.

On sait que les consultations citoyennes nous amènent à constater que les plus concernés par une ville inclusive n'y sont pas représentés (les marginaux hommes et femmes, les pauvres, les personnes âgées, les jeunes). Dans ces réunions qui se veulent des formes de démocratie participative, l'on trouve en fait le noyautage des militants de tel ou tel parti ou les représentants de lobbies qui cherchent à diriger les discussions à leur profit. Il faut donc insister sur des formules de démocratie participative à expérimenter avec essais et erreurs. Elles sont porteuses d'avenir.

Un grand problème pour une politique urbaine, c'est la dimension de participation et d'engagement des citoyens. Car cela nécessite une prise de conscience individuelle et collective. Or, les pouvoirs publics, sauf exception, pensent les politiques publiques « hors sol », hors de la ville, hors de la campagne, dans un monde abstrait conditionné par des idées telles que « croissance », « compétitivité », etc.

En réalité, des initiatives créatrices naissent au cœur de la société civile. Elles se trouvent dispersées. Elles ne sont pas reliées. Il n'existe pas encore un système de pensée permettant de les connecter. On peut prendre le cas de la France, où l'on trouve de nombreuses initiatives pour une gouvernance urbaine et une politique nouvelle. Le mouvement d'économie sociale et solidaire a une vieille histoire dans le mutualisme et les coopératives. On voit poindre ce que l'on appelle « l'économie circulaire », qui consiste à construire des circuits positifs de consommation et de déchets, qui réintègrent ces derniers pour la production de produits nouveaux. Cette économie positive réduit les gaspillages. On y trouve également des circuits d'économie écologisée, qui cherchent non seulement à utiliser des sources propres d'énergie et donc à les renouveler, mais qui militent aussi pour une transformation des campagnes, en refoulant l'agriculture et l'élevage industrialisés, cherchant ainsi, à leur façon, à humaniser les villes. Citons encore le mouvement « convivialiste » qui insiste sur une idée importante, soulevée depuis les années 1960 par Ivan Illich, qui consiste à lutter contre une civilisation qui perd la convivialité, les relations humaines et la reconnaissance d'autrui.

Il faut partir de la conception d'un monde urbain en pleine expansion afin de réguler cette expansion, voire peut-être de la faire régresser. Il faut partir de la conception d'un monde rural, lui-même livré aux forces industrielles et économiques déchaînées, et faire régresser cette industrialisation par le développement de l'agriculture fermière, agroécologique, agroforestière. Il faut, enfin, une réforme de la consommation et des comportements des individus. Nous avons trop peu d'organismes pour lutter contre les formes d'intoxication, conduisant vers des comportements d'addiction les consommateurs manipulés que nous sommes, par des procédés psychologisants, des informations mensongères et du matraquage publicitaire. On le voit dans la présentation idyllique faite des sodas qui provoquent des addictions chez les enfants, notamment, et en font des obèses et des malades. Il nous faut une politique de civilisation pour réformer la chaîne de la consommation qui va de la production industrielle à l'assujettissement des individus, en passant par l'économie financière, la spéculation et la publicité abusive, voire mensongère.

L'éducation et le comportement citoyen sont ici interpellés. Au siècle dernier, à l'âge industriel, c'était l'ouvrier qui, en luttant contre l'exploitation industrielle, tirait la sonnette d'alarme du système fondé sur le profit sans limite. Mais l'action ouvrière, du reste affaiblie, ne porte pas sur le nouveau et gigantesque problème de la consommation.

Nous, citoyens-consommateurs, pouvons réguler le système en boycottant les produits nocifs et en élisant les produits de qualité. Quand nous évoquons la question de la réforme de la consommation, nous ne parlons pas seulement des comportements « consommationistes », que stimulent les hypermarchés en suscitant une fascination devant d'interminables rayons et un énorme choix de produits, mais nous pensons aussi à une réforme du comportement individuel dans l'utilisation abusive de la voiture également. Autant nous considérons l'automobile comme un outil et un jouet très utile pour l'être humain et pour son épanouissement, autant nous pensons que son usage en zone urbaine et en situation de pollution est une perversion. Il y a toute une série d'intoxications d'une certaine civilisation et d'un certain mode de vie actuels contre lesquelles il faut lutter, qui concernent la consommation urbaine et la production rurale.

Enfin, l'architecture doit redevenir ce qu'elle a été : un art qui répond à la fois aux défis du milieu physique, du climat, des besoins sociaux et individuels. Aujourd'hui, elle doit répondre aux défis de l'anonymat, des pollutions urbaines, aux nouveaux besoins familiaux. L'architecture réduite à la géométrie, aux grands cubes vitrifiés ou non n'a pu faire de chef-d'œuvre qu'à Manhattan. Pour reprendre Jean Nouvel, chaque époque a eu son caractère architectural. Je pense que le besoin écologique d'air sain, de nourriture saine, et le besoin convivial de l'être humain devraient inspirer le caractère même des immeubles, des rues, des quartiers.

Les jardins, parcs, squares ne sont pas que des « espaces verts », ce sont les oasis urbaines où nous ressourçons notre besoin de nature. La nouvelle dépollution y fera revenir la vie animale, dont celle des oiseaux et des abeilles, comme y parviennent déjà les ruches du Luxembourg.

Enfin, le caractère de la ville comporte toujours une dimension esthétique. Je ressens un grand plaisir à marcher dans les petites rues piétonnes du centre historique de Montpellier, où rien n'offense ma vue, où sont agréables à regarder façades et boutiques, où la marche de chacun est paisible, non pas précipitée comme à Paris. La beauté urbaine n'est pas un luxe ; elle contribue au bien-vivre. Aux architectes de créer une nouvelle beauté urbaine tout en préservant l'ancienne.

Il ne saurait y avoir de réformes urbaines et rurales, de réformes sociales et économiques, de réformes politiques et éducatives sans réforme éthique. Mais j'insiste : la réforme éthique est difficile, car elle ne passe pas par les simples leçons de morale.

Cette réforme éthique appelle une réforme de la pensée, et donc une réforme de l'éducation afin d'appréhender des problèmes à la fois fondamentaux et globaux. Or, le système d'éducation mis en place en Occident depuis plusieurs siècles, et désormais universalisé, ne nous rend pas aptes à traiter à la fois les problèmes fondamentaux et globaux. Pourquoi ? Parce que notre enseignement disciplinaire est compartimenté ; les savoirs sont enseignés dans une logique qui sépare les connaissances au lieu de les relier.

Il faut donc une réforme de pensée pour que tous les éléments séparés entrent en symbiose, en synchronisme et en confluence, et créent la nouvelle voie. Si cette nouvelle voie se développe et que l'ancienne dépérit, l'humanité accédera à une société de nature planétaire dans une nouvelle relation ville-campagne qui, sans nier les nations, sans nier les différences, sans nier les originalités, sans nier les patries, les englobera dans un destin humain commun au sein d'une Terre-Patrie.

Femme, Vie, Liberté

J'ai fait il y a quelques années un séjour à Téhéran, invité par la chaire Unesco de l'université. J'y ai découvert, sous le boisseau officiel, une très vivante activité intellectuelle, masculine et féminine. Toutes les femmes que je rencontrais ôtaient leur voile dès qu'elles étaient dans un espace privé.

La révolte actuelle est spontanée et générale. Le rejet du voile est le rejet du symbole même de la domination cruelle et imbécile qu'exerce la conception la plus obscurantiste de la religion islamique. Il témoigne aussi de la domination multiséculaire de l'homme « macho » sur la femme – domination universelle, mais particulièrement barbare en Iran.

Du même coup, les femmes iraniennes mènent le combat pour elles-mêmes, mais aussi pour la liberté de l'homme, également soumis à la dictature des ayatollahs. Elles luttent pour la liberté de tous les Iraniens, y compris des minorités comme les Kurdes qui se sont soulevés à l'instigation de la révolte féminine.

Leur combat pour la femme, pour l'homme, pour l'Iran est une expression admirable et tragique d'un phénomène mondial, le grand phénomène révolutionnaire de notre siècle : la révolte des femmes dominées, opprimées, exploitées socialement et sexuellement.

Il a commencé au XIXe siècle avec les suffragettes, la revendication et l'accession au droit de vote ; il est devenu un mouvement général pour l'égalité sociale, l'égalité des salaires et des responsabilités politiques comme économiques, puis il s'est fait plus intime, plus profond, dans la dénonciation de l'exploitation sexuelle dont l'expression actuelle est la déferlante MeToo.

La grande révolution féminine se développe en Occident, mais elle est en germe partout où les femmes prennent conscience que leur destin social ou matrimonial n'est pas naturel, mais issu d'une conception moyenâgeuse et autoritaire où les hommes qui la subissent la font subir encore plus cruellement aux femmes.

Certains croyaient au XXe siècle que le prolétariat masculin était le porteur de la liberté de tous. Nous savons aujourd'hui que c'est la révolte féminine qui est porteuse de la liberté de tous. Les femmes sont partout à l'avant-garde, et aujourd'hui surtout dans un régime d'arriération et de fanatisme.

Inclinons-nous devant elles, leurs morts, leurs deuils. Même s'il est un jour étouffé, leur mouvement restera dans l'histoire comme un moment sublime.

Nous disons « Femme, Vie, Liberté » en y incluant justement la Vie. Qu'est-ce que « vivre » sinon participer consciemment ou non à la lutte entre ces deux ennemis inséparables que sont Éros, les forces d'amour, de communion, d'épanouissement, et Thanatos, les forces de haine, de mépris, de cruauté ? Le féminin est radicalement lié à l'Éros, car il donne, protège et perpétue la vie, car il crée la tendresse des relations humaines. L'Éros a commencé à développer dans le masculin sa propre part féminine, de même que le féminin, en s'émancipant, développe sa part masculine, sans perdre mais en intensifiant sa féminité.

La grande révolution féminine est en marche. Ses héroïnes actuelles sont en Iran.

Je m'incline devant elles.

ANNEXE

Le camarade-Dieu[1]

Conte de Noël

Staline n'est pas mort en 1953. Il fait arrêter Molotov, Kaganovitch et Malenkov. Ceux-ci, à leur procès, avouent qu'ils étaient les agents d'un complot sioniste-impérialiste ; par la suite, d'autres espions sont démasqués et exécutés, dont Beria. Les voyageurs invités en URSS à cette époque admirent l'enthousiasme et la joie du peuple soviétique. Ils voient que la liberté concrète y règne. Certains remarquent l'absence des libertés formelles, mais pour mieux souligner la présence des libertés réelles. Une

1. J'ai écrit ce texte parodique après le rapport Khrouchtchev de 1956 au XXe congrès du Parti communiste – qui dénonçait les crimes de Staline mort en 1953 –, en imaginant le discours du même rapporteur au cas où Staline serait resté vivant. Mes amis de *France-Observateur* avaient beaucoup aimé ce papier, mais n'avaient pas osé le publier. Même si les générations actuelles, ignorant le langage communiste de l'époque, ne saisiront pas que l'ironie tient dans l'emploi de son vocabulaire, j'ai une affection pour ce texte et j'ai tenu à le voir paraître.

délégation de femmes françaises écrivains est frappée de découvrir que la femme soviétique ne subit nulle aliénation et qu'elle ne se pose plus de difficiles problèmes privés. C'est bien ce que démontre le cinéma soviétique.

Un juste hommage est rendu à Staline, dont la figure titanesque domine toute l'histoire mondiale. Des meetings spéciaux sont organisés périodiquement pour lui rendre hommage. On crée des édifices gigantesques pour ces cérémonies. À l'intérieur, une grande nef où se réunissent les foules, une enceinte réservée aux grands marxistes-léninistes. Des hommages, des vœux sont récités selon les formules consacrées. Les fidèles vont isolément faire leur autocritique et un marxiste-léniniste leur donne pénitence et absolution. Ces cérémonies d'admiration, d'amour et de communion n'ont rien de commun avec les rites aliénés des religions, car la religion entretient des mythes trompeurs alors que les Stalinades (c'est le nom des cérémonies devenues quotidiennes) expriment les sentiments réels des peuples à l'égard du plus humain de tous les hommes.

En décembre 1961, un décret du præsidium suprême de l'URSS annonce assez brusquement que « les mérites surhumains du camarade Staline doivent être désignés dans leur réalité exacte et qu'en conséquence il apparaît évident que le camarade Staline doit être reconnu comme Dieu ». *La Pravda*, dans de longs articles, explique que la reconnaissance du camarade-Dieu Staline dans sa divinité est une conséquence nécessaire de l'application des principes du marxisme-léninisme. Au XXe congrès du Parti, le rapport de divinisation qui contient des révélations stupéfiantes sur la divinité de Staline est prononcé par le camarade Khrouchtchev.

La presse bourgeoise fait grand tapage de criailleries pour masquer le coup décisif qui vient d'être porté au camp impérialiste. En effet, la divinité du camarade Staline affaiblit l'impérialisme et renforce l'unité des peuples autour de leur vrai Dieu. Une partie de la presse bourgeoise est obligée de reconnaître les mérites surhumains de Staline.

Ainsi, *Le Monde* écrit : « S'il y a quelques excès dans la divinisation, au sens littéral du terme, de la personnalité du chef d'État soviétique, il faut reconnaître que ce qui choque les Occidentaux peut parfois correspondre au mysticisme des populations slaves et que la carrure surhumaine du chef de l'État soviétique peut inspirer dans une certaine mesure le sentiment du divin, terreur et vénération. »

France-Observateur écrit : « La divinisation de Staline peut nous paraître regrettable et beaucoup d'entre nous regrettent une telle mesure qui ne contribue pas, dans l'immédiat, au regroupement des forces de gauche. Mais ceci est l'affaire du peuple soviétique et ne nous concerne que dans la mesure où le Parti communiste français s'aviserait de déifier Maurice Thorez et Jeannette Vermeersch. Ceci affaiblirait du reste singulièrement sa position auprès de nombreux instituteurs restés fidèles à une image peut-être sentimentale, mais respectable de la laïcité. »

Certains intellectuels communistes, soumis à la pression de la bourgeoisie, ne comprennent pas la signification marxiste-léniniste de l'événement. Dans une tribune libre de *France-Observateur*, l'un d'eux, parmi les plus brillants, mais qui conserve l'anonymat, écrit un article où il reconnaît que Staline est *comme* Dieu, vu que ses vertus éclatantes dépassent de partout la mesure humaine. Il reconnaît même qu'il est juste de l'admirer *comme* s'il était Dieu. Mais il se refuse à faire le pas en avant nécessaire et pense qu'il est inopportun d'utiliser un concept désuet et réactionnaire qui, en fin de compte, minimise l'importance prodigieusement humaine du grand camarade Staline.

Il y a aussi divers remous dans certains cercles

intellectuels, dans quelques syndicats et au Mouvement de la paix. La Ligue des droits de l'homme élève une protestation. Une campagne d'éclaircissement est menée par le Parti qui, finalement, convainc tout démocrate honnête, tout patriote sincère.

Voici quelques extraits de presse :

La Nouvelle Critique : « Ainsi, une fois de plus, un soi-disant intellectuel, soi-disant communiste, va apporter de l'eau au moulin des pêcheurs d'eau trouble de *France-Observateur,* avec son article "Comme si". Staline, Dieu ? Cela est trop simple, trop naïf, disons le mot, trop matérialiste pour cet idéaliste impénitent. Il préfère dire "comme si". De même, les États-Unis, sans doute, ne sont pas capitalistes ; ils sont "comme si". Hitler n'était pas fasciste. Il était "comme si". Trotski n'était pas un espion hitlérien, mais "comme si". La lutte des classes ? "Comme si". Eh bien ! non, le Parti communiste n'est pas *comme* s'il était le Parti communiste. Il est le Parti communiste ; les renégats ne sont pas *comme* s'ils étaient renégats, ce sont des renégats. Et Staline n'est pas "comme si". Il est Dieu. »

L'Humanité (de son correspondant à Moscou, Pierre Courtade) : « Depuis longtemps, les camarades du bureau politique du Parti communiste de l'URSS disaient entre eux : "Rien dans le camarade Staline n'est à la mesure humaine, on ne saurait le comparer à aucun homme, pas même le plus grand, le camarade Lénine." Ils remarquaient aussi que l'éclat de son regard, le ton de sa voix avaient quelque chose de fascinant, d'extraordinaire et qu'en même temps son immense bonté pour les peuples était hors de toute mesure. Pendant un certain temps, nous avons pu croire, de façon erronée, que tout cela s'expliquait par l'incroyable humanité du camarade Staline. Cette interprétation était évidemment mécaniste, et non dialectique. On n'avait pas perçu le changement qualitatif qui transforme l'humanité absolue en divinité. C'est grâce au marxisme-léninisme que cette erreur a pu être rectifiée. Une fois de plus, le camarade-Dieu Staline est à l'origine de ce bond en avant théorique. Au cours de la cérémonie de son quatre-vingtième anniversaire, il déclara au bureau politique : "Croyez-vous que tous ces hommages soient pour un homme ou pour un dieu ?" Les camarades du bureau politique s'aperçurent que le Parti avait effectué, sans le savoir, un bond en avant qualitatif prodigieux. Le décret historique de divinisation fut alors décidé il y a deux ans. S'il n'a été publié qu'à l'occasion de Noël 1961 – notre Stalinoël –, cela est dû non seulement à

la nécessité de préparer une aussi extraordinaire
– et juste – consécration, mais aussi à la modestie
du camarade-Dieu Staline. »

Les Lettres françaises (Aragon) : « Oui ! Staline
est Dieu. Je le savais. Nous le savions. Nous
n'osions le dire… Dieu ! Dieu ! Dieu ! Pleurs
de joie… certitude. Ce n'est pas le dieu des
philosophes et des savants, ce n'est pas le Dieu
– parfois respectable – de nos amis chrétiens.
À ceux-ci, je dis simplement : le dialogue est
ouvert, il est aujourd'hui vraiment possible : de
Dieu à Dieu. Celui qui croyait à Staline, celui
qui n'y croyait pas, unis dans la résistance, se
retrouvent à nouveau et se sourient. Ici, dans ce
journal, j'ajouterai tranquillement (et que rient
les lâches, les chiens, les imbéciles) : le décret
de divinisation n'est pas seulement un acte bou-
leversant pour toute l'humanité, c'est aussi un
acte d'une portée littéraire et artistique sans pré-
cédent. Voici le sujet pour les peintres en quête
de sujet, voici l'hymne pour le poète, le thème
pour le musicien. Mais déjà la plus humble des
Stalinades quotidiennes, que nous récitons tous
les matins, ne porte-t-elle pas en elle tous les
trésors de la poésie :

"Staline se tait,
Staline parle,

Staline pense,
Staline sourit." »

Signalons encore :

Teilhard de Chardin, prophète de Staline ?
Roger Garaudy démontre que Teilhard de Chardin pressentait la divinité de Staline. Mais, prisonnier de formules abstraites, il n'a pu dégager clairement son intuition.

Fils de Dieu
Dans une nouvelle édition augmentée et enrichie de *Fils du peuple*, Maurice Thorez explique comment, de fils du peuple, il est devenu fils de Staline.

La Quaternité
Ce document de l'Union des chrétiens progressistes explique que la Trinité est devenue trop étroite et, pour tout dire, insuffisante. La divinisation de Staline n'apporte-t-elle pas le quatrième terme – essentiel – qui lui faisait défaut ?

« Les dieux vivants » (*Le Monde*)
Maurice Duverger examine les exemples des dieux vivants dont l'histoire est prodigue

(Pharaon, Alexandre le Grand, Auguste, l'empereur du Japon, etc.). La divinisation de Staline n'est pas un phénomène aberrant, mais s'inscrit dans une des lignes d'évolution de l'histoire humaine, dont rien ne nous permet de dire – au contraire – qu'elle est périmée.

Résolution de la Quatrième Internationale :
« La divinisation de Staline est une ultime manœuvre de diversion de la bureaucratie acculée à la faillite. La bureaucratie "divinise" ses privilèges, mais par là reconnaît qu'elle n'a plus de fondement matériel dans la société. »

Contraints à Dieu, par Jean-Paul Sartre :
« L'encerclement capitaliste, le développement inouï de l'industrie socialiste, les mérites gigantesques de Staline, contraignent les Soviétiques à faire dialectiquement appel à la notion de "divin". Cette notion, bien que fétichisante-abstraite, est totalisante-concrète. Elle est supérieure à la laïcité abstraite, qui est une catégorie de l'entendement bourgeois. L'analyse dialectique démontre que le divin socialiste, par opposition au divin bourgeois, ne signifie pas tant sur-humain que pan-humain. Il traduit l'expansion du socialisme par rapport au malthusianisme de la bourgeoisie. »

Ni dieu ni tribun, Guy Mollet :

« Une nouvelle imposture de bolchevisme. Les travailleurs qui se souviennent des couplets de *L'Internationale* sauront rejoindre en masse le Parti socialiste. »

Notre faux dieu, J.-J. Servan-Schreiber :

« Staline-dieu ? Dieu seul le sait... Après tout, ce ne sont pas nos affaires. Mais, par contre, combien nous apparaît plus dérisoire encore le faux-dieu qui emprisonne la France entre ses mains débiles, le tyran manchot de Gaulle. »

Message du général de Gaulle :

« Je vous félicite d'une promotion qui nous permet d'ouvrir un dialogue sur un pied d'égalité. »

REMERCIEMENTS

Gracias a la vida que me ha dado tanto
Gracias a los amores que me han dado tanto
Gracias a las hermanas y los hermanos de mi vida
Gracias a mi querida Sabah

L'éditeur remercie chaleureusement Emmanuel Lemieux et les éditions du Cerf pour la reproduction de la postface d'Edgar Morin au livre d'Emmanuel Lemieux, *Le Réseau*, paru aux éditions du Cerf en 2023.

Table des matières

Changeons de voie

DU MÊME AUTEUR

La Méthode

LA NATURE DE LA NATURE (t. I), Seuil, 1977 (coll. « Points Essais », 1981).

LA VIE DE LA VIE (t. II), Seuil, 1980 (coll. « Points Essais », 1985).

LA CONNAISSANCE DE LA CONNAISSANCE (t. III), Seuil, 1986 (coll. « Points Essais », 1992).

LES IDÉES (t. IV), Seuil, 1991 (coll. « Points Essais », 1995).

L'HUMANITÉ DE L'HUMANITÉ. L'IDENTITÉ HUMAINE (t. V), Seuil, 2001 (coll. « Points Essais », 2003).

ÉTHIQUE (t. VI), Seuil, 2004 (coll. « Points Essais », 2006).

LA MÉTHODE DE LA MÉTHODE. LE MANUSCRIT PERDU (t. VII), Actes Sud, 2024.

Complexus

SCIENCE AVEC CONSCIENCE, Fayard, 1982 (Seuil, coll. « Points Sciences », 1990).

SOCIOLOGIE, Fayard, 1984 (Seuil, coll. « Points Essais », 1994).

INTRODUCTION À LA PENSÉE COMPLEXE, ESF, 1990 (Seuil, coll. « Points Essais », 2005).

AMOUR, POÉSIE, SAGESSE, Seuil, 1997 (coll. « Points », 1999).

CONNAISSANCE, IGNORANCE, MYSTÈRE, Fayard, 2017.

Anthropo-sociologie

L'HOMME ET LA MORT, Seuil, 1951 (coll. « Points », 1977).

LE CINÉMA OU L'HOMME IMAGINAIRE, Minuit, 1956 (coll. « Arguments », 1978).

LE PARADIGME PERDU. LA NATURE HUMAINE, Seuil, 1973 (coll. « Points Sciences humaines », 1979).

Notre Temps

LES STARS, Seuil, 1957 (coll. « Points Civilisation », 1972).

L'ESPRIT DU TEMPS, Grasset, 1962 (Le Livre de Poche, coll. « Biblio essais », 1983).

COMMUNE EN FRANCE. LA MÉTAMORPHOSE DE PLODÉMET, Fayard, 1967 (Le Livre de Poche, coll. « Biblio essais », 1984).

MAI 68. LA BRÈCHE (en collaboration avec Cornelius Castoriadis et Claude Lefort), Fayard, 1968 ; nouvelle édition suivie de VINGT ANS APRÈS, Éditions Complexe, 1988.

LA RUMEUR D'ORLÉANS, Seuil, 1969 ; édition complétée avec LA RUMEUR D'AMIENS, Seuil, 1973 (coll. « Points », 1982).

POUR SORTIR DU XXe SIÈCLE, Nathan, 1981 (Seuil, coll. « Points Anthropologie », 1984).

DE LA NATURE DE L'URSS, Fayard, 1983.

PENSER L'EUROPE, Gallimard, 1987 (Folio actuel n° 187).

TERRE-PATRIE (en collaboration avec Anne-Brigitte Kern), Seuil, 1993 (coll. « Points », 1996).

CHANGEONS DE VOIE (en collaboration avec Sabah Abouessalam), Denoël, 2020 (Flammarion, coll. « Champs », 2021).

RÉVEILLONS-NOUS !, Denoël, 2022 (Folio n° 7195).

PENSER GLOBAL. L'HOMME ET SON UNIVERS, Flammarion, coll. « Champs essais », 2021.

ATTENDS-TOI À L'INATTENDU. DIALOGUES AVEC NICOLAS TRUONG, coéd. Éditions de l'Aube / Le Monde éditions, 2021.

MON ENNEMI, C'EST LA HAINE. DIALOGUES AVEC VÉRONIQUE CHÂTEL ET JEAN-CLAUDE PERRIER, Éditions de l'Aube, 2023.

OÙ VA LE MONDE ?, Éditions de l'Herne, 2024.

CHEMINER VERS L'ESSENTIEL (en collaboration avec Marc de Smedt), Albin Michel, 2024.

Politique

POLITIQUE DE CIVILISATION, Arléa, 1997.

LA VOIE, Fayard, 2011.

LE CHEMIN DE L'ESPÉRANCE (en collaboration avec Stéphane Hessel), Fayard, 2011.

OÙ EST PASSÉ LE PEUPLE DE GAUCHE ?, avant-propos d'Éric Fottorino, Éditions de l'Aube, 2021.

DE GUERRE EN GUERRE. DE 1940 À L'UKRAINE, Éditions de l'Aube, 2023.

Enseignement

LA TÊTE BIEN FAITE, Seuil, 1999.

LE DÉFI DU XXᵉ SIÈCLE. RELIER LES CONNAISSANCES, Seuil, 1999.

LES SEPT SAVOIRS NÉCESSAIRES À L'ÉDUCATION DU FUTUR, Unesco / Seuil, 2000.

ENSEIGNER À VIVRE, Actes Sud, 2014.

Vie et destin

AUTOCRITIQUE, Julliard, 1959 (Seuil, 1991, nouvelle édition, 1994).

LE VIF DU SUJET, Seuil, 1969 (coll. « Points Essais », 1982).

JOURNAL DE CALIFORNIE, Seuil, 1970 (coll. « Points Essais », 1983).

VIDAL ET LES SIENS (en collaboration avec Véronique Grappe-Nahoum et Haïm Vidal Sephiha), Seuil, 1989 (coll. « Points », 1996).

MES DÉMONS, Stock, 1994 (Seuil, coll. « Points », 1998).

MON CHEMIN, Fayard, 2008 (Seuil, coll. « Points Essais », 2011).

LES SOUVENIRS VIENNENT À MA RENCONTRE, Fayard, 2019 (coll. « Pluriel », 2021).

LEÇONS D'UN SIÈCLE DE VIE, Denoël, 2021.

HISTOIRE(S) DE VIE. ENTRETIENS AVEC LAURE ADLER, Bouquins, 2022.

FRÈRES D'ÂME. DIALOGUE AVEC DENIS LAFAY (en collaboration avec Pierre Rahbi), Éditions de l'Aube, 2022.

ITINÉRANCE. ENTRETIEN AVEC MARIE-CHRISTINE NAVARRO, Éditions de l'Aube, 2023.

DES OASIS DE POÉSIE, Poesis, 2023.

ENCORE UN MOMENT… TEXTES PERSONNELS, POLITIQUES, SOCIOLOGIQUES, PHILOSOPHIQUES ET LITTÉRAIRES, Denoël, 2023 (Folio n° 7422).

L'ANNÉE A PERDU SON PRINTEMPS, Denoël, 2024.

COLLECTION FOLIO

Dernières parutions

Tous les papiers utilisés pour les ouvrages
des collections Folio sont certifiés
et proviennent de forêts gérées durablement.

Composition Nord Compo
Impression Novoprint
à Barcelone, le 18 novembre 2024
Dépôt légal : novembre 2024
1ᵉʳ dépôt légal dans la collection : septembre 2024

ISBN 978-2-07-305847-8 / Imprimé en Espagne

655392